AF372789

Humanos en Cuba
Selección de Perfiles

Yaiset Rodríguez Fernández

Perfiles

Edición y corrección: Carlos Hernández
Cubierta y diagramación: Pedro Betancourt Fals
Fotografía de Cubierta: Yoe Suárez

ÍNDICE

PRÓLOGO

"No deja frase rota, ni usa voz impura, ni vacila cuando lo parece, sino que tantea su tema o su hombre. Ni hincha la palabra nunca ni la deja de la rienda. Pero se pone un día el sol, y amanece al otro, y el primer fulgor da, por la ventana que mira al campo de Marte, sobre el guerrero que no durmió en toda la noche buscándole caminos a la patria".[1]

Es sobre Antonio Maceo y lo escribe José Martí. Por la extensión y la forma de acercarse a sus personajes, en el apartado "Hombres" de sus Obras Completas, encontramos a un Martí que traza semblanzas. Estos retratos al *quién* muestran un entorno en colores cuando todavía la fotografía era en blanco y negro.

En el mismo sendero de la semblanza, pero más extenso por lo general, con un mayor rigor investigativo y despojándolo del propósito de "enaltecer a una persona famosa o ejemplar por una razón determinada mediante recursos como la anécdota y el comentario moralizante"[2] está el perfil periodístico. Este género, junto a la crónica y el reportaje narrativos, se define dentro del Nuevo Periodismo o Periodismo Narrativo. Hoy es apenas tratado en la principal Facultad de comunicación del país, la de La Habana. Solo uno de sus estudiantes (Mario Luis Reyes), en 2018, dedicó su tesis de grado a investigarlo y producirlo.

El perfil carece de un esquema fijo y se nutre de otros géneros, sin perderse en ellos. No puede decirse del perfil que parece una entrevista –hablaría mucho el entrevistado-, ni un reportaje –los hechos, cual director de orquesta, coordinarían personas y controlarían sentimientos. No es una crónica porque la experiencia del relator se deja en segundo plano, opacada por un gesto, el brillo en los ojos, las veces que una persona mira el reloj. Un perfil evita la opinión y el

---

[1] Martí, José; Centro de Estudios Martianos, ed. José Martí: obras completas. Volumen 4 Cuba.La Habana: Editorial de Ciencias Sociales, 2011. Bibliotecas Virtuales de CLACSO. Web 2 sept. 2019.

[2] Grillo, Rafael. El Cuento de la Realidad (Lecciones de Periodismo Narrativo).La Habana: Edición digital, 2014.

juicio propio para que la voz del periodista no se convierta en un grito en el oído del lector. Tiene que ser capaz de encauzarse entre lo sublime y lo ridículo sin caer en los prejuicios de la víctima buena y el victimario malo. "Un perfil es una mirada de los días, los trabajos, los afanes, las maravillas y las miserias de una persona (...)".[3]

De eso trata esta selección, pretenciosa en tanto agrupa solo una muestra del ahora, sin importar cómo sea vista en la posteridad. Se reúnen acá las miradas de cinco jóvenes periodistas cubanos que, mientras la patria anda o se estanca, narran a cinco coterráneos: un enfermero internacionalista, un decimista luthier, un excéntrico antropólogo, un vendedor de drogas y un reguetonero. El primero de los perfiles se publicó en *OnCuba* en 2015. Los cuatro restantes fueron escritos para *El Estornudo*, la joven revista digital cubana de Periodismo Narrativo, fundada en 2016 y merecedora del Premio Gabo 2017, el más importante para el oficio periodístico en Iberoamérica.

De perfiles y autores

Boca apretada cuenta la forma en que iba muriendo, entre Los Palacios, Pinar del Río, y Kerry Town, Sierra Leona, un enfermero pobrísimo, negro y homosexual. Su autor, Carlos Manuel Álvarez (Matanzas, 1989) ganó una buena cuota de insultos por parte de lectores poco acostumbrados a los atrevimientos narrativos con el retrato del internacionalista Reinaldo Villafranca y los tonos grises que enmarcan su existencia: "Entonces Justa Antigua comenta algo que nadie se había atrevido a decir, y que resulta elemental: –Él fue a África para comprarse una casita y salir de aquí. Quería que nos fuéramos juntos. Él quería eso."

Carlos tiene hasta ahora tres libros publicados: *La tarde de los sucesos definitivos, de cuentos; La Tribu. Retratos de Cuba,* una compilación de trabajos periodísticos (del cual tomamos el perfil que aquí reproducimos); y *Los Caídos,* novela que, según él, trata temas puntuales: "la enfermedad, la espera y la pobreza como una marca espiritual".[4] Es cofundador y director editorial de la revista *El Estornudo*

---

[3] Fundación Escritura(s). Introducción al Taller Vida Reales: cómo hacer un perfil, conducido por Leila Guerriero. Web. 2 oct. 2019.

[4] Córdova, Penélope. "Historias de fracasos y enfermos. Carlos Manuel Álvarez, presenta su más reciente novela, *Los caídos*". Revista Gatopardo. 198 (Feb. 2019). Web. 30 ago. 2019.

y ha publicado textos de opinión en medios como *The New York Times*, *BBC Mundo*, *Aljazeera* y *El País*.

La segunda historia perfila a Santiago Álvarez, un artista que se quedó rondando demasiado cerca de donde nació. Fatalidad geográfica, le llaman algunos. Como Luthier, ha fabricado, a su cuenta, "más de tres mil piezas entre guitarras, laúdes, tres, bandurrias, requintos y cuatros". Tocó la guitarra y cantó a dúo con su esposa por más de quince años. Tiene publicado un cuaderno poético, el resto de sus décimas las recupera en una libreta. Está escribiendo un libro sobre su vida.

La *Cronología del artista olvidado* la hace Mario Luis Reyes (La Habana, 1994) originalmente como parte de su tesis de graduación; un trabajo investigativo que fue de gran ayuda para esta Selección y que le sería útil consultar a quien se acerque al perfil como género. Mario forma parte del grupo de reporteros de *El Estornudo*.

El tercer protagonista es un intelectual matancero tan multifacético como para vivir con una momia, servir de guía en las cuevas y coleccionar armas creadas por él mismo. En *Ercilio Vento, traductor de la muerte* "reside una violencia que drena como ironía; la suelta en voz baja, tranquilo. Una pizca de veneno invisible que pasma durante unos segundos las neuronas del adversario".

Con un estilo biográfico-anecdótico fluye este perfil escrito por Yoe Suárez (La Habana, 1990), merecedor de importantes reconocimientos por su trabajo periodístico y autor de siete libros aparecidos en editoriales cubanas y/o extranjeras. Yoe fue corresponsal en Cuba del canal estadounidense *CBN* y ha publicado en *Newsweek, Univisión, El Espectador, Vice* y *El Español*.

El regreso de Scarface (I y II) es un thriller de la soledad. En el pozo, en la cárcel, botando un muerto, en la vejez. La historia pendía de un hilo en su aparición y, a decir de su propia autora, parecía que no llevaba a ninguna parte. Hasta que se fue acomodando como los granos de arroz en un saco movido de prisa, ante la proximidad de un aguacero. Y llegó la historia a alcanzar el peso de un saco de granos mojado, a medida que las palabras llevaban al preso político, al marielito, al traficante, al deportado, al hombre ocho varas adentro de la soledad.

Así lo hace sentir Lianet Fleites (Villa Clara, 1989) ganadora, en la categoría de Joven Promesa, del Premio Paco Rabal de Periodismo Cultural –que distingue las mejores interpretaciones sobre cine, teatro, danza o series televisivas. Lianet publicó en el diario alemán *Taz* y en medios independientes cubanos como *El Estornudo, Periodismo de Barrio y Diario de Cuba.*

Mientras el reguetonero *Osmani García, domador de leones*, exhibe sus prendas Jorge Carrasco (La Habana, 1990) restalla el más irónico de sus látigos y habrá quien no quiera o pueda notarlo. Entre los dos –un ojo del perfilado y otro del periodista- miran a un país que ya de antes y sin pedir permiso "producía reggaetoneros con más facilidad de lo que producía maestros. Esto es: sin tener que echarle demasiado abono a las canteras".

Jorge Carrasco es ganador del Premio Gabo 2017 –destinado a resaltar lo mejor del periodismo iberoamericano- en la categoría texto por la *Historia de un paria*, escrita para *El Estornudo*. Trabajó en *BBC News Mundo*, y actualmente trabaja en *Univisión*. Este perfil fue incluido en la primera antología de Periodismo Narrativo cubano *Espectros*.

Qué dicen sobre el perfil los que saben

"Un perfil es, por definición, la mirada de otro. Y esa mirada es, siempre, subjetiva. Donde subjetiva no quiere decir artera, donde subjetiva no quiere decir vil, donde subjetiva no quiere decir miserable. Donde subjetiva quiere decir la mirada de una persona que cuenta lo que ve o lo que, honestamente, cree ver."[5]

Leila Guerriero

"El perfil es un tipo de texto periodístico que se ocupa de la persona concreta, generalmente de aquella que está de actualidad, y que habla de su vida y/o carácter, mediante tres posibles procedimientos: la narración, la descripción y el diálogo."[6]

Belén Rosendo

---

[5] Busciglio, Lu. "Qué tener en cuenta a la hora de escribir una crónica, según Leila Guerriero". Medium. (sept. 2, 2015) Web 30 sept. 2019.

[6] Rosendo, Belén. El Perfil como género periodístico. Edición digital. Pág. 12. Dadun (Depósito Académico Digital, Universidad de Navarra). Web 1 oct. 2019.

"La vida del perfilado se construye a través de escenas en movimiento. Es un buen recurso para mantener atento al lector."[7]

Jon Lee Anderson

"Nunca debes sacar ventaja de la gente y violar su confianza. A veces puedes conseguir una buena historia porque alguien se desahoga contigo y si lo publicas no estás haciendo nada ilícito, pero yo creo que debemos ser sensibles y no utilizar aquello que ha sido un desahogo y que alguien ha dicho con inconsciencia o ignorando el daño que le iba a causar."[8]

Gay Talese

---

[7] Periodismo Narrativo UNLaM. Relatoría de perfiles de Jon Lee Anderson. Relatoría del taller de Perfiles dictado por Jon Lee Anderson en San José de Costa Rica, el 17 de mayo último. Universidad Nacional de la Matanza (11 jun. 2019). Web. 15 sept. 2019.

[8] Constenla, Tereixa. "Lecciones de Gay Talese. Consejos de un maestro del periodismo para evitar tentaciones del oficio a futuros reporteros". El País[Madrid], 17 mayo 2011. Web. 5 oct. de 2019.

BOCA APRETADA
Carlos Manuel Álvarez

Reinaldo Villafranca –Coqui– debió morir hace diez años, en el paseo principal de Los Palacios, cuando un machorro acomplejado le cosió a puñaladas el estómago. Minutos antes, en el cabaret del pueblo, Coqui le había gastado al homicida una broma de pájara juguetona –quizás un leve flirteo o un piropo algo subido de tono–, nada con demasiada maldad.

–Mi hijo siempre fue así –dice Justa Antigua, y revolea las manos en el aire, y las afloja–. Un jodedor.

Permaneció semanas en terapia intensiva, técnicamente muerto.

–Le pusieron tripas plásticas y lo salvaron –dice Alicia Cordero, encorvada y menuda–. Pero después nos empezó a preocupar, porque Coqui tenía que tirarse un pedo, y no se tiraba ninguno. Y todos queríamos que se acabara de tirar un pedo para ver si la operación funcionaba. Hasta que por fin se tiró uno. Hicimos fiesta.

La cuenta es mezquina, pero si hubiese fallecido aquella vez, y no ahora, en enero de 2015, la muerte hubiera tenido sus ventajas. Lo habrían enterrado en el cementerio municipal, a unas pocas cuadras de su casa, rodeado de muchos otros muertos conocidos, no de esos muertos extraños que hoy lo acompañan, y que lo deben volver todo aún más inhóspito para Villafranca. Aunque hubiese tenido también –la muerte por puñaladas– sus puntos flacos. No habría sido noticia internacional, ni siquiera habría pasado de ser lo que son las muertes en los pueblos chicos: algo de morbo inicial –en su caso, un poco más, dado que se trataría de un asesinato–, algo de bulliciosa nostalgia, y después mucho tedio, hasta que otro muerto viniera a sustituirlo.

Estamos a 28 de enero de 2015. Villafranca, en resumen, falleció hace diez días, después de un paludismo con complicación cerebral. Tenía cuarenta y tres años recién cumplidos. Era enfermero, y uno de los 165 miembros de la Brigada Médica "Henry Reeve" que desde inicios de octubre de 2014 el gobierno cubano enviara a Sierra Leona para combatir el Ébola. Es el segundo colaborador que muere, y el primero de los profesionales de la salud.

Por eso yo estoy ahora en la sala de la casa de Alicia Cordero –No. 19ª, calle 28–, donde tantas veces Villafranca ensayó frente al televisor doblajes de canciones en inglés –Cindy Lauper, Whitney Houston–, para luego travestirse y participar de las actividades nocturnas que las autoridades municipales organizaban en el Ranchón de Los Palacios.

–Todo muy legal –advierte Nereida Hernández, Jefa de Circunscripción.

Y por eso estoy cruzando la calle, entrando a un solar, tocando a la puerta No. 16ª, pidiendo permiso para pasar, siguiendo de largo por la sala –muñecas rotas, altar de santería en las esquinas–, los cuartos –hediondos, oscuros–, la cocina –brochazos apurados de un azul turbio–, saliendo al patio –manguera derramando agua, ropa tendida, tanque herrumbroso– y llegando finalmente a la covacha donde dormía Villafranca, separado del resto de su familia; una muy miserienta casucha de madera.

–Te lo dije, esto es un quimbo– susurra Nereida.

Por primera vez, Justa rompe a llorar sin consuelo. Pide que le devuelvan a su hijo. Es lo lógico, pero me asombra. Justa se ha pasado la tarde diciendo que hay que conformarse con lo que Dios determina. Y que si Coqui salió de muertes mucho peores, y vino a morirse ahora, de repente, era porque así estaba escrito. A mí me pareció que una ecuación tan despejada –muerte imprevista de un hijo-decisión suprema del Todopoderoso-resignación de los mortales– escondía una poderosa dosis de crueldad y bastante poco amor. Pero ahora la veo llorar con ese llanto cataléptico tan propio de las madres y pienso que lo que ha pasado y pasa a diario esta señora bien justifica que mantenga una actitud impasible o simplemente reposada ante la muerte, al menos en apariencia.

Intento consolarla y, a un tiempo, mirar alrededor, captar el estado de cosas. Hay una mesa de hierro con un mantel de flores, una hornilla eléctrica encendida, otra hornilla oxidada e inservible, una olla embarrada de frijoles, un trapo grasiento, una cafetera sin tapa, varios pomos de distintos tamaños, una botella de cerveza vacía, hollejos de naranja, y grumos de arroz sobre el mantel. Hay, sobre otra mesa más pequeña, un televisor ruso, al parecer roto.

–Piense que su hijo fue un símbolo para muchos –digo.

Cualquier cosa por aliviarla.

–Eso mismo te he explicado yo –dice Nereida.

La trascendencia de la muerte –que es siempre una grosería si se compara con la muerte misma–, parece calmarla un poco.

Paso al cuarto. Dos ventiladores rotos y ropas viejas: una gorra de visera doblada, un pantalón remangado. En el clóset, un bulto de prendas entremezcladas, como si el clóset fuera la guarida de algún perro. Hay cajas de madera, jabas, mallas, un lavamanos que no se instaló, una cama empolvada, una cortina ajada con sellos de equipos de MLB. Y en el baño, una taza rota.

Ahora, a todo lo anterior, que, si bien regado, no parece tan alarmante, pongámosle una y hasta dos capas de churre, pongámosle costra, parches de tierra, manchas de grasa. A las ropas, a los ventiladores, a las cortinas, a los manteles. Mucha dejadez, mucha grisura, mucha inopia.

Por más que el aspecto de su casucha se haya deteriorado en estos diez días de luto, no debe lucir muy diferente a la casucha de Villafranca en vida. Creyendo quizás que combatir el Ébola no es, de por sí, lo suficientemente humanitario, la información oficial omite datos sobre la remuneración a la Brigada y habla únicamente de altruismo, solidaridad, desinterés, grandeza de espíritu. Nos ha quedado claro. Hay muchas formas de obtener dinero sin tener que exponerse al Ébola. Pero si te pagan por exponerte sería completamente legítimo.

Entonces Justa Antigua comenta algo que nadie se había atrevido a decir, y que resulta elemental:

–Él fue a África para comprarse una casita y salir de aquí. Quería que nos fuéramos juntos. Él quería eso. Pero no viró, y ya le faltaba poco.

No. No le faltaba poco. Le faltaba la mitad de la misión.

***

Las puñaladas del paseo no son la primera tragedia en la vida de Villafranca. Su madre, además de santera, y de invocar peregrinamente a Dios, siempre ha peinado y planchado pelos. Con cinco años, Villafranca ingiere un líquido para desriz, que su madre ha dejado en el suelo, y se quema la garganta. Hay que ponerle entonces un esófago de plástico.

Villafranca tiene cinco hermanos. Todos, menos él, del mismo padre. Todos, menos él, consumados delincuentes y convictos. No es de extrañar entonces que desde bien pequeño cruce la calle y se refugie en casa de Alicia Cordero. Allí seguirá yendo durante más de treinta años –hasta que parta para Sierra Leona– a confesarse y a comerse lo que Alicia tenga en los calderos o en el refrigerador: un pollo, croquetas, un batido, un jugo de frutas. Y será él –no otro– el masajista de Alicia, su enfermero particular: quien le tome la presión arterial y quien le dé fricciones en la espalda.

–El verdadero luto por su muerte fue aquí –dice Nereida, en el patio de la 19ª.

–Lo único que no hacía en mi casa era dormir– agrega Alicia.

Cuando termina la secundaria, Villafranca decide no estudiar más. Su madre se lo permite.

–Siempre fue muy independiente –dice Justa–, y yo lo dejé, porque él sabía lo que hacía.

Al parecer, sí sabía. Ingresa a la Facultad, para sacar título de bachiller, y la termina. Después trabaja como obrero agrícola en la algodonera de Los Palacios. Después pasa a estibador, en una empresa de agricultura. Y hacia 1997, gracias a unos cursos que ofrece el Estado, comienza a estudiar enfermería, que es lo que en realidad ama. Se gradúa, y luego se especializa en cuidados intensivos: curar úlceras de pie diabético, actuar en reanimaciones cardiopulmonares, etc. Trabaja durante un año en la sala de terapia del hospital provincial "Abel Santamaría", de Pinar del Río. Luego lo trasladan al policlínico de San Diego –a unos veinte kilómetros de Los Palacios–, y allí se queda.

Sigue pasando cursos de la salud y cursos de inglés. Superándose, como dicen. Atiende también a los vecinos de la cuadra (una práctica común entre los médicos y enfermeros cubanos, trabajar incluso fuera de horario). Siente predilección por los pacientes de la tercera edad. Colostomías, cánceres. Y siempre, según todos los que lo recuerdan, muy jaranero, muy divertido, repleto de facundia. No esconde su homosexualidad. Se mete con los vecinos y bromea. Es libre, quizás hasta demasiado libre para un pueblo tan pequeño. Parece bastante probable que haya sido, Villafranca, una pájara cumbanchera, primorosa. Tiene un amigo de juergas: Hanói, enfermo de VIH.

—Pero Coqui siempre estaba buscando preservativos— aclara Alicia. Y Nereida asiente.

A veces, sin embargo, Villafranca llora. Si intentamos un breve perfil sicológico, podemos conjeturar que se ríe a carcajadas para olvidar la violencia doméstica, que se vuelca a la calle para borrar los fantasmas que lo acosan en su círculo íntimo.

—No hace mucho —dice Alicia— llegó aquí con un piquetazo tremendo en la cabeza, botando sangre como un animal. Tuvieron que darle cuatro puntos.

El piquetazo no es otra cosa que el colofón de una disputa con uno de sus hermanos.

Alicia comienza ahora un conteo de todos los atracos a los que Villafranca fue sometido por sus familiares. La lavadora y el juego de baño que le robaron, las ropas, los perfumes y las zapatillas que le quitaron, el guanajo al que solo le dejaron las plumas, el lechoncito que tenía antes de irse para África, y que se lo vendieron en cuanto trepó al avión.

Pero no hace falta que Alicia se esmere. Basta con pasar examen, hoy mismo, a la situación de algunos de los hermanos de Villafranca.

Tomás Zayas fue deportado de Estados Unidos por delitos legales. A Manteca, el mayor de todos, hace poco le trocaron la cárcel por reclusión domiciliaria, dado que padece un cáncer terminal, y estas son las horas en que Manteca robó a otros dos hermanos suyos y desapareció, nadie sabe dónde está. Mayeya, otra hermana, cayó presa porque en las visitas a su hijo le pasaba tabletas de Parkisonil camufladas dentro de la comida. El hijo, a su vez, cumple condena por haber matado a dos personas en el reparto de Los Palacios.

Por supuesto: ninguno respeta a Justa Antigua. Justa Antigua no respeta a ninguno. Lo único que le quedaba a Villafranca era su madre. Y para quien único importaba Justa, a sus setenta y nueve años, era para Villafranca. Su hijo menor significaba la última posibilidad real que le quedaba a esta mujer para salir del antro donde vive.

Pero esa posibilidad se fue. El paludismo se la robó.

En la foto –posiblemente de pasaporte– que les toman a los colaboradores antes de volar a Sierra Leona, Villafranca muestra una seriedad impostada. Calvo, rostro ovalado, ojos nobles, piel negra y abrillantada, labios gruesos, boca apretada. Todo como congestionado y a punto de estallar. Como si Villafranca tuviera ganas de decirle al fotógrafo: "Ay, chico, anda. Termina ya, por tu vida".

Algunos en el pueblo rumoran que, previo a la salida, Villafranca siente un poco de miedo. Sin embargo, ni Nereida, ni Justa, ni Alicia lo confirman. Ninguna, también es cierto, es de fiar en ese sentido. Quizás crean que el miedo, si existió, podría restarle méritos. Están acostumbradas a escuchar que todos los que mueren en una misión de la Patria han muerto sin temor alguno, sin titubear, más convencidos e invictos que una roca. No están dispuestas, pues, a que el Coqui pase a los anales como el único cobarde.

Por otra parte, en uno de los reportajes de la televisión nacional, que filman antes de que los colaboradores partan de misión, Villafranca aparece, y ahí muestra su jovialidad habitual.

–¿Tú has escuchado la bulla cuando el equipo de Pinar del Río da un jonrón? Bueno, esa fue la bulla de todo el pueblo cuando apareció en el noticiero: ¡Mira al Coqui! ¡Mira al Coqui! –dice Nereida, agitada, enjugándose las lágrimas. Por su facilidad para comunicar, su dominio del inglés e incluso algo del portugués, Villafranca ya pasa los últimos días, en el Centro de Tratamiento al Ébola de Kerry Town, alejado de los pacientes, más centrado en cuestiones protocolares y de otra índole. Lo que, evidentemente, no lo exime de riesgos. En la mañana del 17 de enero, presenta los primeros síntomas diarreicos, y en la tarde lo asalta una fiebre de 38°C. Le hacen la prueba de Malaria. La prueba da positivo. Le inician tratamiento antipalúdico por vía oral. La fiebre sube. Pierde el sentido del tiempo y el espacio. Lo trasladan al hospital de la Armada Británica. Allí lo ingresan. La prueba de Malaria vuelve a dar positivo, y la prueba de Ébola, negativo. Le aplican la última generación del tratamiento antipalúdico por vía endovenosa.

Durante la noche y la madrugada, el cuadro clínico se agrava. Presenta dificultades respiratorias, toma neurológica. Lo acoplan a un equipo de ventilación pulmonar. Pero no responde al tratamiento y horas después fallece.

–Yo estaba haciendo un desriz –dice Justa–, y veo que empieza a entrar gente con batas, y gente y gente, y me da un brinco el corazón.

Son las autoridades municipales y provinciales de Salud Pública. Pero Justa no puede dejar el desriz a la mitad, porque se quema el pelo y se deshace el moño. Aún así, la plancha se le cae de las manos. Justa desfallece. Nunca nadie de Salud Pública ha venido a su casa. Este es el tipo de noticias que no es necesario comunicar. La sola presencia del emisario lo expresa todo. Cuando Justa termina de planchar el pelo, alguien le dice lo que ya ella sabe.

Un día después, en la Galería de Arte de Los Palacios, tiene lugar el homenaje póstumo a Villafranca. Velan una foto suya, la foto del pasaporte. Asisten Viceministros de Salud Pública, las autoridades políticas del municipio y la provincia, compañeros de trabajo, personal de salud, gente que lo conoce, y gente que no lo conoce pero que se solidariza.

Justa, convencida por Nereida, asiste a última hora. Quien sí no asiste es Hanói, su compinche de correrías. Cuando toco a su puerta, Hanói me dice:

–Perdona, pero yo no estoy en condiciones de hablar. No tengo nada que decir. Lo llevo adentro –se pone la mano en el pecho–. Él siempre estará conmigo. Eso.

***

El cuerpo, o casi seguramente las cenizas, no regresan hasta pasado mínimo tres años. El dinero de la misión se pagará, lo que no se sabe todavía a quién: ¿qué nombre testamentó Villafranca? Nadie se atreve tampoco a comentarlo explícitamente. Alicia se hace eco de los chismes que la señalan a ella como beneficiaria. Pero lo sugiere como si fuera un problema.

–Eso sería una mierda de su parte. Yo no quiero ni pensar en eso. Si mira lo que ha pasado con el teléfono.

Una sobrina de Villafranca anda exigiendo el teléfono asignado a su tío por colaborador. Pero Villafranca ordenó que pusieran el teléfono en casa de Alicia.

–Un teléfono cuesta más de quinientos dólares –dice Nereida–. Si lo llevan para la casa de la familia, lo venden.

La mezcla de muerte y cuestiones materiales es siempre una bomba de tiempo. A Alicia le preocupa el tema, pero no quiere que su preocupación indique falta de amor. Bien mirado, después de asumir a Villafranca por décadas, Alicia tiene derecho a preocuparse o a prestarle atención a lo que quiera: incluso a las cuestiones más prácticas, incluso a un teléfono.

La última vez que habla con su muchacho, lo hace desde la sala de su casa. Es 30 de diciembre. Villafranca la llama y le desea feliz año. Dice Alicia que estaba contento, porque habían salvado tres niños. Y que era pura carcajada, con ese amaneramiento suyo tan peculiar.

CRONOLOGÍA DEL ARTISTA OLVIDADO
Mario Luis Reyes

Santiago Álvarez Cruz vive en Punta de Piedra, una pequeña comunidad costera a unos tres kilómetros del pueblo de Bahía Honda. Podría haber vivido a cincuenta millas del mar que nada cambiaría en esta historia, porque Santiago, a diferencia de sus vecinos, no es pescador sino luthier, músico, y escritor de décimas y sonetos.

Para llegar a Punta de Piedra hay que caminar por una carretera asfaltada durante poco más de media hora, si se mantiene el paso constante. Los ómnibus deben entrar tres veces al día pero no siempre cumplen con el horario. Por el camino hay dos fábricas, unas pocas casas, muchos perros, guanajos, gallinas, pollos y algunos gatos, pero no hay ni un solo árbol que proteja del sol. Los vecinos suelen pasar en bicicleta en cualquiera de las direcciones del camino.

Solo de un lado de la calle hay casas continuamente. Del otro, algunas viviendas diseminadas, el mar y un hostal pequeño. En el hostal actualmente solo se pueden hospedar cubanos porque hace unos años un turista amaneció muerto en una de las habitaciones y decidieron cerrarlo al mercado internacional. Santiago cuenta que ahí, cuando venía Polo Montañez, se sentaban a tomar ron y tocar la guitarra.

Santiago está contento de que yo venga a conocerlo. Hace unos años que por problemas de salud apenas fabrica guitarras. Al indagar sobre él, lo primero que hacen los vecinos es señalarse la sien con el dedo índice. Me dicen que es muy inteligente, y talentoso, así como toda su familia. Que si hubiera tenido más suerte, o simplemente nacido en otra parte, seguramente habría conocido el éxito y la fama.

Pero nada de eso sucedió. Hoy Santiago pasa sus días de jubilado atendiendo las plantas de su casa, alimentando a un cerdo y fabricando, esporádicamente, guitarras a personas muy especiales. Ahora mismo construye una para su hija Idania, que vive hace años en Miami, donde trabaja en un restaurante durante el día y canta en un grupo de música cubana en las noches. Dunia, su segunda hija, trabaja en la oficina de comercio del pueblo de Bahía Honda. Y Santiaguito, el menor, se dedica a arreglar equipos electrodomésticos. Los tres, y su esposa Miguelina, son excelentes cantantes.

***

Dunia, quien casualmente pasó hoy a visitar a sus padres, me recibe sentada en el portal de la casa. Santiago se está afeitando, me dice. Hace un rato se sentía mal, afiebrado, pero se tomó unas pastillas y se recuperó.

Santiago, de estatura media y cuerpo menudo aparece con una gorra, chancletas, short y camiseta. Me llaman la atención sus cejas, extremadamente pobladas, y sus brazos, los que a pesar de la edad mantienen rastros de musculatura. Su rostro luce cansado. Es el rostro de un artista en retiro.

Santiago busca una caja rectangular. La abre y empieza a colocar todos los diplomas que hay dentro sobre la mesa del comedor de su casa. Hace hincapié en uno que le entregó Armando Hart en el Salón Solidaridad del Hotel Nacional hace más de veinte años. Venía acompañado por unas medallas-doradas-rectangulares-en-una-caja-de-terciopelo. Se atormenta, quiere enseñarme las medallas. Dunia interrumpe y dice que cuando era niña las utilizaba para jugar. Santiago se va durante unos diez minutos a buscarlas, junto a su hija y esposa. No aparecen.

Ahora busca dos discos con audiovisuales para mostrarme cómo trabaja. El primero está estropeado. Lo limpia y lo pone en el DVD de su casa. Aprieta todo el tiempo el botón de Play. Dunia le dice que eso no resuelve nada, que el disco no sirve. Él dice que cuando aprieta ese botón a veces funciona. Ahí pasa un rato hasta que se rinde. El disco contiene un documental que se llama El mago de las maderas, lo hizo su amigo Lorenzo Suárez.

El otro audiovisual, de unos siete minutos, lo realizaron unos suizos. Este sí se reproduce. Aparece él en su taller explicando cómo se fabrica una guitarra. El material se proyectó en una galería de ese país europeo donde se expusieron tres de sus guitarras. Cada minuto aparece un cartel que dice: Santiago Guitarrenbauer, Kuba.

22

Santiago le hace décimas a cada uno de los instrumentos que fabrica.

***

Lo primero que se hace de una guitarra es el brazo, se le marcan los moldes y con un serrucho se corta la madera sobrante. Luego se le da forma con una trincha. Tras varias horas de lija, el brazo finalmente se coloca sobre la mesa de trabajo, se le pega el zoquete y se deja añejar unos días. Más tarde, con el calador y la trincha, se le da la forma a la cabeza y se sigue el mismo procedimiento.

Para la tapa y el fondo es necesario buscar láminas de madera y rebajarlas hasta que queden lo suficientemente finas. Con unas plantillas –son más de 50 tipos– el luthier marca los moldes. A veces, por la escasez, las tapas están hechas de hasta cuatro pedazos de madera, pero lo ideal sería de una única pieza, o dos. Terminada la tapa, se pega en el brazo y se coloca el aro.

El aro es una de las partes más difíciles, porque consta de finas piezas de madera a las que hay que jorobar para dar las formas curvas de la guitarra. Para esto, Santiago inventó un artefacto que consiste en una plancha metálica doblada sobre sí misma, un cilindro ovalado que unido a una resistencia de fogón se calienta enseguida. Los pedazos de madera hay que mojarlos para ablandarlos, y luego, al pegarlos al artefacto caliente, van cediendo poco a poco. Alguna vez se parte alguno, pero casi nunca.

Luego se colocan unos tacos o dentellones para unir mejor la tapa con los aros. Los pegamentos para esto se los envía su hija desde Estados Unidos o algunos amigos que tiene en Europa. Así, coloca la guitarra sobre la mesa de trabajo durante varios días, con unos bloques de piedra dentro para fijarla, porque con los calores teme que se deforme.

Lo último es el fondo, que debe quedar un poco arqueado buscando una mejor resonancia. Luego las clavijas, cejilla, trastes, cuerdas y puente. Las cuerdas y las clavijas siempre han escaseado en Cuba. Los trastes y la cejilla Santiago los hace de cualquier material: huesos de algún animal muerto, pedazos de plástico de cubos de pintura o de yogurt.

Los adornos de la roseta los fabrica todos artesanalmente, con pedacitos de madera que va encajando de uno en uno. Esto le puede tomar mucho tiempo.

Santiago explica que para hacer una guitarra la madera debe ser añeja o, de lo contrario, hay que dejarla añejar. La madera de guitarras debe tener al menos diez años. Y, al igual que el ron, las guitarras, mientras más añejas, mejor.

Las maderas por lo general se las regalan sus amigos.

–Si tú analizas bien, una guitarra se hace de los desechos que dejan los carpinteros –dice–. A veces van a sacar una persiana de cedro y les queda una lasquita que no les da el grueso y la tiran, y yo la recojo, y me sirve para el instrumento.

Antes, a través de instituciones culturales, conseguía los pianos viejos que ya se iban a botar. Los vecinos frecuentemente pasan a dejarle pedazos de madera que se encuentran.

Por lo general trabaja con teca, nogal, cedro, majagua, caoba antillana, pino abeto y palisandro.

–Una vez me regalaron un chiforrober y no sé ni cuántas guitarras le saqué.

* * *

Santiago nació en mayo de 1945 en el poblado de La Mulata, a unos 25 kilómetros de Punta de Piedras, donde vive actualmente. Allí estudió hasta el sexto grado, en la época en que la letra entraba con sangre, cuenta. Para los exámenes lo obligaban a aprenderse hasta nueve páginas por ambas caras, y por una sola falta de ortografía lo podían suspender.

Cuando era niño, su hermano mayor, quien cantaba muy bien la música mexicana, se empeñó en tener una guitarra. El padre trabajaba manejando un carro en el que acopiaba leche de los vegueríos de La Palma y La Mulata, la cual

24

llevaba para la cremería Lucero en La Habana, y aprovechaba, mientras descargaban las cantinas y las fregaban, para visitar el taller que tenían los gallegos Antonio Blanco y Alberto del Rio en Monte 408, donde fabricaban guitarras.

Allí, viaje tras viaje, fue aprendiendo, hasta que pudo terminar su primera guitarra, que le quedo feúcha, sonaba muy finito y no daba notas ni afinaba.

–El problema es que para eso hay que tener unas medidas muy precisas, y también el viejo había hecho la guitarra toda de caoba, y no puede ser así –explica Santiago–. El frente tiene que ser de madera estoposa, para que compagine con lo sólido de la madera trasera.

Entonces los gallegos le dieron a su padre una tapa de pino noruego, madera que rescataban de unas cajas de bacalao que venían del país nórdico en aquella época. Ya con la tapa nueva, y las medidas ajustadas, la guitarra mejoró mucho. Al punto de que una vez fue al pueblo la orquesta de Yiyo Gómez, y al salir su hermano tocando la guitarra, el propio Yiyo se enamoró de ella.

Poco a poco el viejo fue perfeccionándose. A su lado, Santiago observaba todos los pasos y lo ayudaba en las cosas más simples. Ya a los doce años se embulló y fabricó su primera guitarra. Poco tiempo después había superado a su padre.

A día de hoy asegura haber hecho más de tres mil piezas entre guitarras, laúdes, tres, bandurrias, requintos y cuatros.

***

En el patio de su casa tiene Santiago una suerte de taller donde fabrica los instrumentos. En realidad es una pequeña casa de madera semiderruida. Antes trabajaba en otra semejante, pero los ciclones Gustav e Ike la tumbaron en 2008. En las paredes tiene fotos de sus padres, de su hija con el grupo musical en Miami y un pequeño poster de Annia Linares dedicado a él.

Su historia familiar ha sido dolorosa. De sus ocho hermanos, tres quedaron inválidos desde muy pequeños y otro nació con retraso mental.

–La vieja mía sufrió muchísimo, luchando con mis tres hermanitos. Uno murió a los 18 años, otro a los 21 y otro a los 14. Imagínate, todos esos años dedicada exclusivamente a ellos. El factor RH de la sangre de mis padres no era compatible y fue un milagro que no tuviéramos todos problemas. Era alterno, nacía uno con problemas y el otro no.

Pero esa no fue la única desgracia en la vida de Santiago. Cuando tenía 19 años, en 1964, lo llamaron al Servicio Militar. Allí lo alistaron en un batallón, y el camión en que iba de madrugada a cortar caña con su unidad terminó volcado. Santiago cayó en la cuneta de la carretera. Hubo 4 muertos y 17 heridos. Con algunas vértebras de la columna averiadas, no tuvieron otra alternativa que darle la baja del ejército.

–Pasé un año, pero que rindió por diez.

También me cuenta que se robaron el cadáver de su madre del cementerio. Dice que se le achicó tanto el corazón que le quedó del tamaño de una nuez, y por eso murió. Y que, al parecer, de tantos medicamentos que consumió, le sucedió algo en el organismo que tras dos años de enterrada no se corrompió el cadáver.

Es casi imperceptible, pero los ojos de Santiago comienzan a lagrimear. No le sale la voz. Cuando se recupera, continúa:

–Después de que mi viejita murió cambió mi vida, y después murió el viejo, de tristeza. Sesenta años de matrimonio.

Los sepultureros decidieron buscar un nylon grande, echar ahí el cuerpo y ponerlo al sol durante un año, argumentando que así se corrompería. Pasado el tiempo, cuando fueron a buscarlo había desaparecido. Santiago apenas puede contarlo.

Se comenta que esos cuerpos pueden costar hasta 20,000 dólares, que los compran Iglesias clandestinas adoradoras de Satanás. A su hermano mayor, el que cantaba canciones mexicanas, también le robaron la cabeza.

–Se ensañaron con mi familia –murmura.

***

En el pueblo de La Mulata, con apenas diez años, ya Santiago trabajaba en lo que apareciera para conseguir un poco de dinero que aportar a la familia.

–Me daba lo mismo chapear un monte que limpiar zapatos.

Pero lo que recuerda con más alegría son los circos ambulantes que pasaban por el pueblo y le ofrecían cantar en las funciones a cambio de dos pesos cubanos.

–Ya en ese entonces hasta hacía mis decimitas. Los cirqueros querían llevarme, pero la viejita mía era muy celosa con sus hijos y por eso no lo permitía.

También evoca, con particular emoción, cuando a finales de 1959 se presentó un grupo de personas reclutando niños campesinos de la zona de Vueltabajo que tuvieran algún talento musical para un espectáculo de televisión por el fin de año. Finalmente captaron a 25 muchachos, de los cuales él fue el primero, porque ya con 14 años se había dado a conocer en los propios circos donde cantaba eventualmente.

—En el coro yo era el principal, tocaba una guitarrita hecha por mí, imagínate —me dice emocionado—. Nos llevaron para La Habana y nos hospedaron en un Lyceum que estaba en Calzada y 8. Allí ensayábamos villancicos con un maestro muy bueno. Yo hacía solista y coro. Nos llevaron a varios lugares, como el Coney Island, que era precioso. Allí canté mexicano y me regalaron un dinero. Finalmente nos llevaron al programa de televisión, los locutores era German Pinelli y Consuelito Vidal. El programa quedó lindísimo. Pinelli me dijo: "Coño, que guajirito más feo", y yo le dije que él era más feo que yo. Nos hicieron una serie de fotos y reportajes para El Diario de la Marina, que todavía estaba vigente. También nos dieron regalos. Ahora en el museo de La Palma están las fotos, creo. Hay que preguntar bien, pero la última noticia es que estaban allí. Antes estuvieron en el museo de Bahía Honda.

Este espectáculo se transmitió por el canal CMBF, en el episodio llamado Los guajiritos cantores de El Show del Bar Melódico Osvaldo Farrés. Lo que a Santiago le pareció una eternidad de aprendizaje y descubrimientos en La Habana duró apenas nueve días. Pero todavía lo recuerda como uno de los momentos más felices de su vida.

***

En el Pueblo de Bahía Honda también vive Diosdado. Nació ciego y, como Santiago, aprendió a escribir décimas, a cantar y a tocar instrumentos. Tiene la capacidad de recordar con exactitud la fecha de todos los acontecimientos de su vida y, lo que es más sorprendente, se gana la vida reparando equipos electrodomésticos.

Diosdado y Santiago tocaron juntos durante muchos años. Lo visito una mañana y le pido que me hable de su amigo.

—Conocí a Santiago en el año 75. Él siempre se dedicó a la música y fabricaba instrumentos, muy buenos. Incluso algunos extranjeros venían a comprarlos. Nosotros en ese entonces nos vinculamos con una agrupación campesina que se llamaba Rumores de la Montaña. Por problemas disciplinarios se disolvió, pero el 1 de febrero de 1978 él y yo fundamos otro grupo, lo llamamos Cantares de mi Cuba. Él siempre trabajó en la empresa pecuaria, como camionero, pero a la par llevó la música. Yo como artista no lo quiero mejor. Tiene canciones muy bonitas, como una que se llama Vámonos pa' allá compay. Es sobrino de un poeta muy famoso de antes del triunfo de la Revolución, que se llamaba Jacobo Álvarez, "El guajiro solitario". Él es descendiente de esa cuna. Para mí es uno de los mejores exponentes de la música campesina en la provincia. Tuvo con su esposa Miguelina un dúo impecable, que se llamó Los felices. Lo mismo cantaban boleros, guajiras, música tradicional. Sus instrumentos los han usado muchos músicos de Pinar del Río. Yo tengo un laúd que él me regaló el miércoles 21 de febrero de 1996, y está tocando todavía. Nosotros tocábamos en las noches campesinas de la Casa de la Cultura, que eran todos los miércoles. También fuimos a la televisión. Estuvimos el sábado 26 de mayo de 1984 en un programa que se llamaba Mediodía en Camponuevo. También en otro del canal 6 que se radió el jueves 19 de febrero de 1976. Actuamos en La Leña, Ovas, Mantua, Quiñones, Los Cayos, Las Pozas y el Central Pablo de la Torriente. Hicimos seis grabaciones en Radio Guamá, en el programa de aficionados campesinos que se transmitía todos los sábados a las 12 y 27 del día. Santiago es un buen hombre, buen hijo, buen padre, buen amigo.

***

Mientras Santiago está preparando café, me cuenta cómo conoció a Miguelina.

Él manejaba un camión y ella trabajaba en un peladero, en un barrio a diez kilómetros de Punta de Piedra llamado San Miguel. Ella estaba pelando guayabas y sacando casquitos, los que él debía recoger en el camión para llevarlos a la fábrica La Conchita en Pinar del Río. Por ese entonces Santiago estaba recién divorciado de su primera esposa, con quien tuvo una hija. Me cuenta que estaba herido todavía, porque padeció mucho aquella separación. No es difícil notar, luego de un rato hablando con él, que es un hombre muy sensible.

—Cuando la vi pelando con su mano zurda le dije: "Ay, mira, si es zurda. ¿Usted es zurda para todo?"

—Para darte una galleta también —respondió Miguelina.

—Pues dámela, y así me acaricias —replicó Santiago.

Luego me explica:

–Yo era un poco relambión, pero ahí comenzamos a conversar, hasta que nos enamoramos. Era el año 70. Nos casamos enseguida y formamos el dúo Los Felices.

–¿Por qué Los Felices?

–Porque éramos esposos –me contesta.

Mientras hablamos Miguelina pasa a cada rato cerca de nosotros, pero no interrumpe la conversación de ningún modo. Pareciera que ni siquiera nos escucha. En un momento Santiago se dirige a ella para preguntarle algo, y yo aprovecho para integrarla al diálogo.

–¿Cuántos años tuvieron el dúo?

–Comenzamos oficialmente en 1976, en Las Tunas, en una jornada cucalambeana –dice Santiago–. Ya desde antes Miguelina cantaba. Ella es de los Contino, una familia muy respetada por su tradición musical.

Miguelina mira hacia nosotros, se acomoda en la silla:

–Él se puso a cantar una canción en la casa siendo novio mío y yo le hice el dúo. Ahí comenzamos. Luego de casarnos, un señor que se llamaba Becerra nos captó, y empezamos en las Noches Campesinas de la Casa de la Cultura, luego en los Festivales Municipales, Provinciales y hasta Nacionales de Artistas Aficionados. También en las Asambleas del Partido. Hacíamos hasta controversias nosotros dos. Con regularidad cantamos durante más de 15 años.

Lo que marcó el final del dúo Los Felices fue el nacimiento de los hijos. Con Idania cargaban hacia todas partes, pero luego Dunia y Santiaguito se llevaban solo 15 meses, y no era fácil andar con tantos niños pequeños por toda Cuba. En algunos casos no les ponían transporte de regreso y tenían que arreglárselas en la carretera con los muchachos. Cuando los dejaban en la casa, los niños sufrían, principalmente Santiaguito.

–El varón estaba muy apegado a mí– me cuenta Miguelina–. Se quedaba llorando cuando me iba, una vez se enfermó y cogió un trauma tal que, si yo entraba al baño y no me veía, se ponía a llorar. Le dije a Santiago que teníamos que terminar con el dúo, porque me daba miedo que se me enfermara de los nervios.

Desde entonces solo cantan en algunas fiestas o cuando los visitan algunos amigos. Hace poco los invitaron a un evento en Pinar del Río. Estaban emocionados por lo que sería su último concierto juntos, pero la guagua que los debía recoger no pasó y se quedaron con las maletas hechas.

Santiago le propone a Miguelina cantar una guajira, para que yo los escuche. Es de Julio Brito, me dicen. Con esta han clasificado para muchos festivales nacionales.

***

En Pinar del Río hay un nombre que, si se menciona, paraliza a cualquier persona que lo escuche. 16 años después de su muerte, los habitantes de esta zona aún se estremecen ante el recuerdo de Polo Montañez.

Decir que Polo y Santiago fueron amigos sería exagerado, pero sí compartieron en más de una ocasión cuando el guajiro de El Brujito visitaba Bahía Honda. La primera vez que compartieron ya Polo era famoso, y Santiago andaba de farra, tocando la guitarra por las cercanías de Punta de Piedras, cuando lo montaron en un carro y lo llevaron al Motel para que conociera al reconocido compositor. Esa noche la pasaron entre ron, música y conversación.

–Yo lo admiro muchísimo, imagínate que ese hombre hizo un concierto aquí en Bahía Honda y fueron más de 40,000 personas –me dice Santiago–. A mí me dijo un músico de su grupo que una de las canciones que escribió fue inspirada en mí. Él me tenía mucho aprecio. Varios integrantes de su orquesta tocan hoy en día con instrumentos míos.

Una mañana, mientras Santiago cepillaba unos pedazos de madera que se convertirían en guitarra, escuchó la noticia del accidente. Cuenta que le entró un dolor de cabeza que no pudo trabajar más. La tristeza le duró mucho tiempo.

Hoy estás en tu montón
De estrellas mirando el mundo
Gravitando en lo fecundo
De cada composición
Lates en el corazón
De tu terruño natal
Y el guajiro natural
Partió para redimirse

30

Con sus décimas dedicadas a Polo ganó un concurso en Las Tunas, auspiciado por el Centro Iberoamericano de la Décima, pero nunca recibió los 1000 pesos del premio.

–Parece que se perdieron por el camino, gente que estuvo allí me dijo que el premio lo había ganado yo. He indagado por la CTC (Central de Trabajadores de Cuba), por Cultura, por la ANAP (Asociación Nacional de Agricultores Pequeños), pero nada. No se sabe a dónde fue a parar –comenta decepcionado.

***

Hubo una época durante sus últimos años de trabajo, cuando ya no era chofer ni hacía guardias para una empresa de la comunidad, en que Santiago siempre andaba de juerga. Lo buscaban a diario para tocar en cuanta fiesta se celebrara por esos montes. Hasta que empezó a sentirse dependiente al alcohol y dejó de un tirón las dos cosas. Ahora solo toma, a veces, Guayabita del Pinar. Dice que es buena para el corazón.

Los accidentes y las enfermedades lo han perseguido a lo largo de su vida. Después del incidente en el Servicio Militar, del cual todavía tiene secuelas, sufrió otro mucho más grave. Fue a principios de los años 90, cuando se trepó en una guácima para atrapar a unos pollos y se resbaló y cayó sobre un fregadero. Estuvo a un milímetro de partirse la médula, cuenta.

–Esa vez perdí el conocimiento, lo vi todo negro. Me enyesaron completo y me mandaron para el Hospital Provincial de Pinar del Río. Me vieron grave. Allí reconocí a un enfermero que conocía y le pedí que, si me iba a quedar inválido, me echara un veneno muy fuerte por la manguera del suero y me matara. Yo soy muy activo, no resistiría dejar de caminar. Pero bueno, a los pocos meses ya estaba caminando, aunque me quedaron tres vértebras corridas.

Tantos trabajos duros en varios momentos de su vida también han minado la salud de Santiago. Por los años 60 apenas dormía tres o cuatro horas al día. Se levantaba a las tres de la madrugada, iba en el camión que manejaba hacia

La Coloma, en Pinar del Río, a buscar mercancías, regresaba a Bahía Honda y de ahí seguía hacia La Habana, a Lawton, a cargar dulces o a La Polar en busca de hielo, porque entonces no había en el pueblo.

Para soportar tanto viaje cargaba con un pomo de café y tres cajas de cigarros que se fumaba en el día. Me dice que se fumó una revista de más de 100 páginas que le regaló un amigo poeta que vivía en La Habana, porque el papel era bueno, y eran los tiempos en que no se conseguían cigarros, salvo las 4 cajas que daban por la bodega para el mes. Miguelina, con el papel de la revista y picaduras que él conseguía, le torcía entre 50 y 60 cigarrillos cada tarde para que los fumara al día siguiente.

—También cogía papel de estraza de bodega y le untaba pasta de dientes para que quemara bien. Con toda la metralla que fumé no sé ni cómo estoy vivo. Era mucho el vicio —cuenta con un dejo de arrepentimiento.

Hace 35 años, cuando no había cumplido siquiera los cuarenta, le dio un ataque respiratorio que casi lo mata. Estaba en el Central Orozco (Pablo de la To-rriente Brau) cargando un escaparate con el propósito de desarmarlo para hacer guitarras cuando perdió el aire. Y así fue manejando hasta la casa, a 25 kilómetros de distancia. Al llegar lo montaron en un jeep y lo mandaron para un hospital de La Habana. Los médicos no podían creer que había soportado todo ese tiempo. Lo operaron, y después de eso no volvió a fumar nunca.

Los pulmones, confiesa, los tiene muy afectados todavía. Tampoco se ha pro-tegido nunca la boca ni la nariz durante el tiempo que pasa dando lija en su pequeño taller.

* * *

Lorenzo Suárez es un hombre alto y delgado, de ademanes refinados y hablar pausado. Durante toda la década de los 90 fue asesor literario en la Casa de Cultura de Bahía Honda, y actualmente se desempeña como director de la Casa de la Décima Celestino García, en Pinar del Río. Aprovecho una de sus visitas a La Habana para que me cuente sobre Santiago, con quien mantiene una relación muy cercana.

—Cuando llegué a Bahía Honda en 1990 ya Santiago había acumulado historia con el dúo Los Felices. Una de las cosas que más me sorprendió fue cómo toda su familia estaba relacionada con el arte, por lo que los bauticé como "La familia cucalambeana". Él siempre ha sido un gran amante de la décima y la literatura en general.

Con lo que no esperaba encontrarse Lorenzo, tras conocer al Santiago poeta, fue con los instrumentos musicales, de excelente factura, tanto estética como sonora, que fabricaba el humilde luthier en su taller.

–Fue sorprendente cuando vi los instrumentos musicales de su autoría, dotados de una gran calidad, en especial las guitarras, laudes y tres, que son los más típicos de los campos cubanos.

También Lorenzo trabó una gran amistad con el resto de la familia, hasta convertirse en un asiduo visitante de la casa.

–Eso me sirvió para estar más cerca de su obra literaria y musical –dice–. No se puede hablar de la música y la improvisación en Bahía Honda sin mencionarlos a todos ellos, muy populares en las fiestas campesinas y las jornadas cucalambeanas que se hacían en la localidad.

A Santiago, en específico, lo considera un "excelente guitarrista y cantante". Además, se enorgullece de haber realizado un documental sobre este poeta-luthier y de haber colaborado en la edición de su libro, titulado Con octosílabas alas, al que califica como "un cuaderno muy sencillo, pero con una calidad poética elevada".

También Santiago, por su parte, bebió mucho de las tertulias literarias que organizaba Lorenzo en la comunidad por esa época, lo que le sirvió para conocer otros referentes poéticos, y así perfeccionar sus composiciones.

–Ellos tuvieron en Bahía Honda gran popularidad durante muchos años. Ya no están activos, pero son una leyenda del punto cubano y de la música campesina. Es una familia realmente increíble –comenta Lorenzo antes de despedirnos, siempre entregado a la difusión de los talentos poco conocidos del país

***

En el año 1999 unos amigos españoles le propusieron que reuniera una parte de sus décimas para publicarlas como libro en España. Ellos corrieron con los gastos y le trajeron un centenar de ejemplares. Hablo del cuaderno poético titulado Con octosílabas alas. Organizaron una pequeña presentación en su casa, a cargo de Lorenzo Suárez, en la que se vendieron algunos ejemplares y otros fueron regalados a personas cercanas.

Ahora Santiago recopila en una libreta el resto de sus décimas.

Cuenta que ya no fabrica tantas guitarras por sus problemas cardiacos, que lo fatigan mucho, pero este año, en apenas cuatro meses, ya va por la tercera. Pasa todos los días por su maltrecho taller, cuando se aburre en la casa. Nunca ha tenido un aprendiz, porque ese oficio requiere mucho tiempo.

—Es un trabajo muy lindo —me dice.

Lorenzo Suárez lo llamó "El mago de las maderas", y Jesús Orta Ruiz, "El orfebre de las maderas". También le han dicho "El artesano decimista".

—Si cobrara por los títulos, fuese millonario —bromea orgulloso.

Está ansioso por conocer a Pancho Amat, de quien afirma que es el mejor tresero del mundo. Él está seguro de que en algún momento Pancho va a visitarlo, porque es un hombre muy humilde, sencillo, que atiende mucho a los artistas. Incluso le hizo unas décimas para cuando venga a verlo. Me pide que si alguna vez lo veo le cuente de él, y de sus décimas, y que le diga que lo visite, que él fabrica laúdes.

Finalmente, debajo de las plantillas de guitarras que guarda en el taller encuentra sus medallas. Las fotografío. Está feliz. Luego me enseña sus plantas: mangos, aguacates, tamarindos, plátanos, ciruelas, café. Me explica el proceso del café, desde la siembra hasta la colada.

—Te voy a decir una cosa, si hoy tuviera que vivir cantando prefiero chapear montes. Yo ya no puedo. No me gusta, solo lo hago por compromiso. A veces vienen los muchachos, me tomo un buchito de ron, y me ayuda. Pero ya no me gusta.

Ahora dedica una parte de su tiempo a escribir un libro sobre su vida. Se llamará Cronología de un artista olvidado. Me lee el prólogo, que escribió él mismo. Cuenta que desde niño se interesó por el arte. También que decidió escribir el libro porque el olvido y el abandono han prevalecido por parte de quienes debieron atenderlo. Dice que solo quiere que se sepa que ese artista olvidado existió, y trató de poner en lo más alto la cultura de su país.

Mientras Santiago lo lee, desde el portal de su casa suena una guitarra, y suena triste. El prólogo está escrito en pasado. Donde debía decir existe, dice existió.

ERCILIO VENTO, TRADUCTOR DE LA MUERTE
Yoe Suárez

La ciudad de Matanzas está crucificada entre dos ladrones: La Habana y Varadero. Roban desde la atención turística hasta la estación cabecera de rutas interprovinciales. Y tratando de sacarle los clavos está un setentón menudo al que la calvicie le lleva ventaja: Ercilio Vento. En su oficina, el Historiador de la Ciudad a ratos pierde la voz contra los martillos hidráulicos allá fuera. La urbe tricentenaria se prepara para un nuevo aniversario.

Ercilio conoce a la «Atenas de Cuba» como pocos, la conoce en cada lengua que la ha nombrado: bantú, arará, yorubá, calabar. Por eso y por una serie de negaciones, se ve a sí mismo como un cubano extraño: no toma ron, no es adicto a la cerveza, no le gusta el béisbol, no sabe bailar. Supera, por otra parte, los 50 vuelos al extranjero y ha escrito unos 30 libros.

En un asiento de otro siglo, que le queda inmenso, fuerza la vista tras los espejuelos para leer en la laptop. Hay, a sus pies, una lápida quebrada.

Ercilio no cree en el matrimonio. Para él es un contrato, apenas eso. Ercilio se ha casado nueve veces. Nueve contratos.

—Y todos bonitos —acota.

A su esposa actual, Maritza, la lleva en su celular, en una foto que muestra con orgullo. Se trata de una bella doctora muchos años menor que él.

—Tú tienes muy mal gusto —le dice Ercilio a ella, socarrón—. Y yo lo tengo muy bueno.

Arnaldo Mirabal, periodista matancero que lo ve tanto en eventos como en las ceñidas aceras de la ciudad, diagnostica —ojos brillosos— que lo de Ercilio con las mujeres bonitas es un vicio.

Hay días en que van por la calle y Maritza, la doctora, le pregunta:

—¿Tú conoces a esa muchacha?

—Sí, estuve con ella.

—¿Y a fulanita?

—También.

—¿Y a menganita?

—También.

Dice Ercilio:

—Nunca le he negado las relaciones que he tenido. Eso es pasado. ¿Qué voy a hacer, cortarme las venas?

Otra cosa:

—Jamás le abro la cartera, jamás le reviso el teléfono, jamás le pregunto con quién está hablando.

Después de nueve matrimonios ya lo ha visto todo, y no cree necesario engañar a nadie: cuando las cosas no funcionan, no funcionan, no hay por qué aferrarse.

De los cinco escudos nobiliarios entregados a los ancestros de Ercilio, uno enarbolaba el compromiso de defender a las doncellas desvalidas.

—Viste, mi amor —le dice a su esposa—, tengo que defender a las doncellas desvalidas.

Ercilio se ha compuesto un árbol genealógico con más de 600 personas; sus ancestros más remotos son dos Papas: Julio II y Sixto IV. De ahí en adelante hay princesas, duques, condes.

A veces cae en sus manos tinta azul y alguien en la oficina le advierte que se ha manchado. Ercilio riposta que no, que en verdad se ha cortado.

—Por fastidiar, que conste, por fastidiar.

***

—Van a hacer una autopsia, ¿quieres venir?

—Dale.

Ercilio tenía 13 años y no se hizo esperar tras la invitación de su primo. Pedaleó hasta el cementerio y se presentó ante el médico legista. El fiñe explicó que un pariente suyo trabajaba allí y confesó su interés por esa clase de cosas: abrir cadáveres, por ejemplo.

36

—Los niños no ven eso.

—Pero yo sí.

—¿Y para que quieres ver eso?

—Porque yo quiero ser médico legal.

Llegados a un punto muerto en que ni Ercilio tenía intenciones de retirarse, ni el doctor de admitirlo en la autopsia, el juez presente intercedió por el muchacho alegando lo que le parecía una rara, pero sincera vocación.

—Cuando estuve en mi primera autopsia yo era así —dice Ercilio triunfante, distanciando una mano a metro y medio del piso—. Bueno, no he mejorado mucho de allá a esta fecha.

El médico lo dejó entrar bajo amenaza de que si vomitaba o le daban náuseas lo sacaría a patadas. Y entró. El olor era punzante. Apretó los labios finos. Le alcanzaron guantes.

Se trataba de un ahogado, putrefacto.

—¿Tienes miedo?

—No.

—¿Te da asco?

—No me lo voy a comer.

Nunca sabremos si al doctor le conmovió la profunda mala leche de aquel comino ambulante o el temple o los ojos como platos sobre el cadáver abierto. El hecho es que al terminar le propuso asistir a próximas autopsias en calidad de ayudante: sostener escalpelos y pinzas, apuntar detalles de la muerte, abrir la carne fétida.

No había, en el mundo, un niño más feliz

***

En 2008 el cineasta Arturo Sotto tocó a la Oficina del Historiador, filmaba su road movie documental Breton es un bebé, que recoge vidas, tradiciones y sucesos insólitos a lo largo del país. Quería incluir la historia de una momia hallada en 1965 en un cementerio de Matanzas.

Fotos expuestas en el museo Palacio de Junco evidencian que el cuerpo, conservado con un tono carmelitoso, llevaba ropa al ser descubierto. Tenía bordadas las iniciales «JPL», pero la momia era huérfana: nadie le ponía flores o lloraba a la difunta.

Con el tiempo el nicho se deterioró y en 1980 un paciente psiquiátrico entró al cementerio, alargó un brazo entre dos hileras de ladrillos ausentes, y arrancó la cabeza. La llevó a su casa, martilló la frente de la mujer, quizá habló con ella. Una vez recuperado el cráneo, llamaron a Ercilio del Cementerio local —según cuenta en el largometraje— «para ver qué podía hacer».

Y entonces Ercilio se convirtió en detective del tiempo: la piel blanca de la mujer se sonrosaba bajo el sol del trópico, nunca supo qué era dar a luz, murió a los 56. La madre de Ercilio escuchaba semana a semana cada nuevo detalle con que la antropología le dibujaba, no ya una momia, sino una persona.

Durante las pesquisas, surgieron dudas sobre el destino del cuerpo. ¿A qué institución llevarlo? No se trataba de un simple muerto sino de una momia, no podía volver al cementerio, donde están los que regresan al polvo, como Dios manda.

Ercilio informó a su madre de aquellas desventuras. Ella, serena, dijo:

—Tráela para acá.

—¿Y dónde la ponemos?

—En mi cuarto.

Ninguno de los funcionarios implicados se opuso, contentos seguramente de haber resuelto el asunto sin una ruleta rusa de hospedajes entre ellos.

En los 70 Ercilio presidía la Sociedad Espeleológica matancera, y Eduardo Luis Labrada, un viejo reportero del entonces diario Adelante, la camagüeyana. Se encontraban reuniones mediante, y en una ocasión Labrada visitó la casa de su colega. Ercilio lo recibió en la sala junto a la momia. «Estaba estudiándola allí mismo», recuerda el camagüeyano, «y esa presencia me desconcertaba».

—¿Y a qué esposa le tocó convivir con la momia? —pregunto a Ercilio.

—A la segunda, tercera, cuarta, quinta, sexta y séptima. Veinticinco años estuvo conmigo.

La supervivencia de la centenaria occisa por sobre cinco matrimonios explica la verdadera pasión de Ercilio: su trabajo.

—¡Pero nunca estuvo debajo ni arriba de la cama! —afirma.

Un vecino, hace mucho, le preguntó si ese fue el motivo de sus separaciones. La estadía de la momia junto a Ercilio es toda una leyenda urbana en Matanzas, refrenda Arnaldo Mirabal. En realidad, permaneció en la biblioteca de la casa, encerrada en un contenedor de doble pared.

—¿Temía que saliera?

—Era para aislarla del exterior, preservarla —aclara—. A mí me educaron sin miedo y yo hice igual con mi hijo: «La oscuridad es, simplemente, ausencia de luz», le decía de pequeño. «No hay Coco, no hay Hombre del Saco, no hay brujas».

Un día alguien se le acercó:

—Médico, ¿usted tiene en su casa a una persona que está muerta?

El entusiasmo de Ercilio por sus especialidades ha hecho de su hogar un repositorio de huesos. De modo que contestó que sí, naturalmente.

—No, no, pero es una persona que no ha perdido la carne –insistía el individuo—. Una señora bajita, gruesa, de pelo castaño.

A Ercilio le inquietó algo. «Ese dato —confiesa en el documental de Soto— no lo podía saber nadie, excepto yo».

—... Y tiene los ojos verdes.

—¿Y cómo está tan seguro de eso? —preguntó Ercilio.

—Porque la veo al lado suyo.

A inicios del nuevo siglo el Museo provincial ya había habilitado un salón exclusivo para la momia. Ercilio y su hijo la llevaron hasta la urna donde aún hoy reposa. Un manto azul la cubre del pecho a las rodillas. Aquel día, en el portal de la casona, el muchacho miró al padre:

—Yo supongo que tú sepas qué es lo que has hecho.

✳ ✳ ✳

Hay algo de voyeur en lo que hace Ercilio. Ese asomarse a la vida de las gentes que no están, de abrir como un velo la piel. Voyeurismo extremo. ¿Es una extraña manía, una obsesión, querer saber qué hay dentro de los seres? Su fascinación incluye a humanos y bestias: asistido por filosos instrumentos practicó la taxidermia durante los tres años que dirigió un museo de historia natural.

Pero el interés de Ercilio no sólo reside en lo subcutáneo, sino también en lo subterráneo.

Su hijo tenía tres años cuando se vio en la boca de una cueva. Ercilio Vento asegura que cruzaron estas palabras:

39

—Pero, papá, ¿vamos a bajar a esa oscuridad?

—Sí, mijo. Usted tiene una linterna en la mano y yo otra. Cuando quiera la enciende.

Meterse en los poros del planeta es un hobby que ha ahondado en él desde que en 1969 realizó el catastro de cuevas matanceras al frente de 15 hombres pertenecientes a un «subgrupo» militar especializado. Allí trabó amistad con un joven primer teniente llamado Raciel Falcón.

—El secreto para la seguridad nacional que envolvió nuestro trabajo quizá ya no tenga efecto —considera Ercilio, quien realizó las topografías de mil 250 cavidades subterráneas y armó con ellas un registro (hoy digitalizado). Una empresa que solo podía ser afrontada con la «profesionalidad, disciplina y organización» de Ercilio, según Eduardo Luis Labrada.

Al grupo de espeleología que dirige Labrada se le ocurrió una vez, regresando de un viaje a Viñales, hacer una noche en Matanzas, pero no tenían lugar de alojamiento.

—Ercilio facilitó los permisos para irnos a dormir a las Cuevas de Bellamar —cuenta Labrada.

Levantaron las tiendas acompañados por su anfitrión. ¿Cómo se mata el tiempo estando bajo tierra? ¿Detallando rocas, pictografías? Hablaron tal vez de Antonio Núñez Jiménez, considerado un redescubridor de Cuba, quien los había nombrado Delegados de la Fundación de la Naturaleza y el Hombre en sus respectivas provincias.

Labrada, que ha escrito y publicado sus memorias junto al naturalista barbudo, asegura que Núñez Jiménez estimaba a Ercilio. Al fallecer el científico y exguerrillero, Ercilio pasó a presidir la Sociedad Espeleológica de Cuba.

Núñez Jiménez, capitán del Ejército Rebelde que derrocó al dictador Fulgencio Batista, no la conoció entonces, pero había compartido época y exaltación con la madre de Ercilio. En 1958 ella le gritó cobarde a un jefe policial y su esposo pensó entonces en llevarse a todos a Caracas bajo el pretexto de dirigir la tienda «El Encanto» de la capital venezolana. Creía que no faltaba mucho para que algo le pasara a la mujer por insolente y, sobre todo, por integrar la guerrilla urbana que seguía a Fidel Castro.

Este 2018 hace 10 años que a Ercilio le falta su madre. Extraña la fuerza de su madre. Admira sobre todo la valentía. Quizá por eso le va tan bien con su esposa: «Ella no le teme a nada».

—Ni a ranas, ni a cucarachas —dice.

Maritza, a veces, lo ha esperado tras la puerta con su pistola en la mano, creyéndolo un intruso.

—Es de combate —se regodea—. Estuvo de misión médica en Venezuela, en el Orinoco, con las pirañas.

Y revelará otra virtud que sostiene la relación:

—Ella cocina muy bien.

***

La momia de Matanzas persigue a Ercilio profesionalmente, y le ha dado mayor relieve curricular porque es la única de su clase en Cuba. Cuando llegó a sus manos, para reconstruirla y examinarla, escribió a expertos de medio mundo. Ahora está participando en The Cuban Mummy Project, un estudio colaborativo internacional sobre la presencia de seis momias en colecciones de la isla.

Aunque el clima húmedo es enemigo de la preservación natural de los cuerpos, dos egipcias y dos peruanas residen en Santiago de Cuba; en La Habana otra peruana; y en Matanzas la única momia artificial moderna.

Las siglas JPL en la ropa centenaria de la mujer respondían al nombre de Josefa Margarita Ponce de León. Ercilio visitó la catedral matancera infinidad de veces cotejando docenas de nombres antes de dar con el que era. Luego sabría que, aunque vivió en Matanzas casi toda su vida, murió en La Habana en 1872. La familia soltó dinero, que tenía a chorros, para momificarla. Querían que el cuerpo llegara imperturbable a su ciudad natal en el lento viaje del siglo XIX.

La calidad del trabajo la certifican los años, y eso enloqueció a Ercilio:

—Acabé haciéndole un libro —y manotea lentamente.

Ercilio es poco expresivo, o al menos alguien que no se sorprende con cualquier cosa. Estos días anda feliz: halló, tras mucho buscar, una botella con un cuello bien largo. La necesita para sus réplicas de barcos a escala. Para hacer los barquitos primero fuera, desarmarlos y encerrarlos dentro de la botella se necesita paciencia. La tiene.

Posee, además, una serie de elementos que lo hacen único:

a) No habría espacio en las camisas, y el cuerpo menudo de Ercilio podría desplomarse si decide usar, en un mismo día, las 62 condecoraciones que llevan su nombre.

b) Tiene un programa de historia en la televisión local. De modo que sabe cómo vestir para no incomodar a los camarógrafos.

c) Dirige la única cátedra en Cuba de paleopatología. En marzo 1969 descubrió las primeras pistas de sífilis en nativos cubanos, y estuvo a poco de apuntarse el mérito en el área de las Antillas, pero el dominicano Fernando Luna halló evidencias en la colección Krugger, de la Smithsoniana, y las publicó antes.

—No se me ocurre escamotearlo. Además, fue un amigo cercano —dice Ercilio—. Pero en Cuba, yo.

d) Ideó un método, de comparación antropométrica para probar la paternidad, validado por el Tribunal Supremo, que ha contribuido a decidir más de 500 casos. Aplicó el método a José Martí y María Mantilla en un polémico estudio que arrojó altísimas coincidencias.

e) Su hijo, médico intensivista que trabajó subcontratado por el gobierno cubano en Guatemala y Timor Oriental, y luego otra vez en aquel país del sudeste asiático, pero fuera de la misión oficial, vive ahora en Barcelona.

Ercilio contrae el rostro:

—Es mi única familia.

***

Ercilio se place en sofisticadas genealogías intelectuales.

Cursando Medicina en La Habana fue alumno-ayudante de Washington Rossell quien, a su vez, había sido alumno de Leontiev, uno de los médicos encargados de la custodia del cuerpo de Lenin.

—Junto a Washington Rossell aprendí interesantes técnicas de preparación que apliqué luego en Matanzas. Tuve el privilegio de preparar piezas para el museo de la Escuela de Medicina Girón, en la capital.

En su trabajo de tesis para ganar la especialidad fue el primer latinoamericano y el octavo investigador en crear un método propio para calcular la edad a través del estudio histológico de un hueso, técnica que le valió la asesoría del Dr. Douglas

Ubelaker, antropólogo forense del FBI y Curador del Departamento de Antropología de la Smithsonian Institution.

A su vez, Ercilio se ha convertido en otra pieza dentro de las genealogías académicas que presumen algunos ex alumnos suyos en la Facultad de Derecho de la Universidad Camilo Cienfuegos de Matanzas o la Sede Medardo Vitier Guanche de Antropología Sociocultural.

Así ocurre con Anicia Rodríguez, amén de haber agredido en cierta ocasión a Ercilio, como se verá más adelante. Hacia 1997 unos hallazgos arqueológicos en la antigua Iglesia de San Francisco de Paula trastornaron el ambiente adormilado de La Habana durante el Período Especial.

—La excavación la llevaba un equipo del Gabinete Arqueológico de la Oficina del Historiador (OHC), y Ercilio fue invitado para que nos diera un entrenamiento en identificación de restos humanos –recuerda Rodríguez que, junto a tres colegas coordinó la logística para la estancia capitalina del matancero.

Gracias a la OHC, «que estaba en su etapa de esplendor», según Rodríguez, pudieron conseguirle alojamiento gratuito «en un hostalito muy chulo en la calle Mercaderes». Le sobrecogía la pasión de aquel experto conversador que «hacía cuentos reales de cómo los muertos podían hablar, o sea, cómo los antropólogos físicos sacaban información de los restos humanos en una escena. Algo así como CSI, pero en Cuba».

Rodríguez ve a Ercilio como un sabio, similar a «los primeros filósofos de la Antigua Grecia» aunque, a larga, ella dejó la Antropología Física por la Gestión del Patrimonio; es decir: ya no la traducción de los muertos, sino el comportamiento de los vivos con la obra de sus ancestros.

1997 fue para el Gabinete de Arqueología un año de manos y piernas sucias, de llegar tarde a casa, de palear y mover brochitas sobre las capas del tiempo. Fémures, tibias, cráneos. Junto a las conferencias de Ercilio, los especialistas aprendieron a identificar género y edad a partir de una pieza ósea, y a hacer mediciones antropológicas para determinar la talla de un sujeto. «En esos días solo respirábamos huesos», evoca Rodríguez.

Entre el agotamiento, el trabajo excesivo, las charlas y lecturas, el sueño es remanso. Y a veces extensión retorcida de la realidad. En su novela *La mosca soldado*, Marcio Veloz Maggiolo relata cómo un arqueólogo siente vivas las piezas de una excavación en República Dominicana.

En Cuba, Anicia Rodríguez soñó que un hombre andaba suelto matando mujeres. Era Ercilio Vento.

—Imagínate a ese hombrecito afable de asesino en serie.

Al descubrir su identidad, ella agarró una de las palas de construcción que usaban en la excavación. Y lo enfrentó con el metal terroso.

Sus amigas morían de la risa con la historia.

—Por supuesto —dice Rodríguez—, él no imagina que es el asesino de mi sueño.

***

En el bachillerato vio a otro estudiante hacer un cuchillo. «Yo puedo hacer esto», se dijo Ercilio. Ahora «crea» armas. Para reconocerlas y catalogarlas se vale de enciclopedias militares. A veces ve alguna que le gusta en películas de piratas o de guerras coloniales y congela la imagen, detalla cada centímetro de pantalla, retiene el modelo y va a su taller. La colección asciende a unas 80 piezas.

—Yo tengo de todo —dice—. Consigo el metal y fundo la réplica.

En 1983 dio otro paso: obtuvo su licencia de armas de fuego de carambola. Ese año se produjo en la ciudad de Matanzas una infiltración del grupo terrorista Alpha 66.

Se cerraron carreteras, las autoridades estaban como locas, se acuartelaron las Fuerzas Armadas y el Ministerio del Interior, se activaron los Comités de Defensa de la Revolución, las Milicias...

El jefe de la policía, antiguo presidente del Tribunal Popular Provincial, habló con Ercilio: tres anticastristas habían caído en manos del gobierno. Quedaban dos por atrapar: se refugiaron en las afueras de la ciudad, una zona cercana al litoral donde años después se haría una termoeléctrica. El lugar era un queso suizo de rocas.

—¿Tienes los mapas de la cueva?

—No —aclaró Ercilio—, «la cueva» no: son 52.

—Ven conmigo a la unidad para que marques las entradas frente a quienes organizan el operativo.

44

Al llegar, Ercilio supo que había más de cinco mil efectivos movilizados; había buzos y helicópteros listos. Alguien con estrellas en los hombros apareció:

—¿Usted es el espeleólogo?

—Sí.

—Arme al espeleólogo —ordenó a un soldado—. ¿Está dispuesto a cumplir una misión? —volvió a preguntar.

—Normal.

—Va a llevar una compañía a la cueva...

—«Las cuevas» —acotó Ercilio entrando en un chaleco con cuatro cargadores—. Son 52.

—¿Usted pudiera peinarlas?

Se colgó un fusil AK. El tipo de las estrellas lo presentó ante un grupo de soldados como el compañero que los guiaría.

—Señores —empezó Ercilio—, esto es rapidito: son 16 kilómetros a pie.

La Cueva de la Perra es un desplome a 30 metros y la boca tiene el largo de una cuadra, el inicio de una garganta subterránea de un kilómetro. Un soldado avanzó y el jefe de compañía le pidió la linterna a Ercilio.

—Primera cosa: no presto la linterna —dijo—. Segunda: ¿usted conoce la cueva?

La sorpresa del oficial dio tiempo al espeleólogo:

—Deme un hombre que no tenga miedo.

Luego de esbozar un mapa de la caverna Ercilio miró al muchacho:

—¿Tú tienes hijos?

—Una niña.

—Saca la fotografía y mírala, porque ya tú y yo somos mártires.

¿Cómo reacciona alguien a quien le sueltan eso?

—Lo que vamos a hacer es esto —continuó Ercilio—: voy a ir delante, si me tiran y me dan, empieza a tirar al lugar de donde vengan las balas y te retiras. No me saques. Si estoy muerto no tiene sentido y si estoy herido tampoco, este es mi medio y sé moverme aquí.

Entraron en la oscuridad. Apenas alcanzaban a ver siluetas extrañas mientras los pasos se hundían en la blandura del guano. Ercilio iba dos metros adelante, llevaba el fusil en modo ráfaga, pero con el seguro; no quería que una alimaña o un espejismo de sombras lo hicieran halar el gatillo. Silencio. Solo respiraban. De vez en cuando, los chillidos de un murciélago se clavaban como alfileres bajo la piel de la tierra.

Ya lo habían pactado antes. Ercilio enfiló su linterna hacia el techo. En apenas segundos el soldado debía memorizar su entorno. Si los perseguidos disparaban, probablemente, lo harían hacia arriba, aunque también era posible que apuntaran contra Ercilio y su acompañante: el rebote de luz también los descubriría a ellos.

—¿Y qué pasó?

—Nada —admite el narrador y decepciona un tanto al periodista—. Peinamos aquello, pero al parecer los tipos creyeron que había entrado la compañía completa y huyeron por una claraboya.

Cuando volvió a la ciudad lo recibió Raciel Falcón, pero convertido en general:

—Tienes que tener un arma —le dijo—, consigue una que yo te resuelvo la licencia.

La licencia de Ercilio se la dio el comandante Ramiro Valdés.

—Hace poco la entregué; era un rollo para salir del país.

* * *

Ercilio ha concebido algunos métodos novedosos, pero a menudo estos no han sido más que caminos solitarios, ignorados por colegas dentro y fuera de Cuba. En 1986 publicó la primera recopilación sobre «El uso de sustancias tóxicas de origen animal y vegetal por oficiantes de la hechicería moderna».

—Sigue teniendo utilidad, sobre todo por el crédito que en Criminalística se le ha dado —asegura—. Con ese estudio he ayudado a resolver casos complejos y a llegar a tiempo para salvar vidas.

Sin embargo, los estudiosos no le hacen caso.

—Se les olvida en qué país viven —dispara Ercilio.

En 1998 se presentó en un congreso con un método para identificar traumatismos premorten en restos óseos. Aunque «atrajo la atención de forenses extranjeros», el único que lo ha aplicado es él.

—Los demás o no se interesaron o no le dieron crédito suficiente, cosa muy común como parte de la vanidad profesional.

Cuando regresó a Matanzas, tras graduarse en 1980, y casi hasta 1990, alternó entre un hospital y la prisión como psiquiatra forense.

—Mire –aclaraba a los reclusos—, yo no soy policía, no vengo a examinar si lo que dice es cierto o es falso, soy un médico y estamos tratando de conocer su estado mental.

Escuchar y guardarse los gestos, los impulsos; dejar que fluyera el relato aunque fuera escalofriante. Junto a una psicóloga y una psiquiatra, oyó historias de ladrones, homicidas, violadores. Luego de las tres entrevistas reglamentarias dictaminaban si, efectivamente, el recluso estaba chiflado o fingía. A veces los malos actores tenían reservado un palco en la morgue.

—Entonces, ¿cómo ocurrieron los hechos?

—Nada, doctor, la maté porque me tomó la cerveza.

—¿La muchacha de 15 años?

—Sí, ella dijo que se equivocó de vaso, pero se la tomó.

—…

—¡Y no me diga más nada, que yo sé que estoy muerto, que a mí me van a fusilar!

—Realmente, agradezco su comprensión.

Dice Ercilio que «el preso huele», el olor es fuerte. Lo rodeaba en la galera cerrada donde trabajaba con más de 30.

—Uno se encontraba allí los dolores más grandes de este mundo, y aprendía a valorar al ser humano en una medida muy intensa.

A veces llegaba en invierno y encontraba a los reclusos temblando, en short y camiseta. Le espetaba a los oficiales penitenciarios que quedaban suspendidas las entrevistas porque los presos no estaban vestidos adecuadamente.

—Eso se llama tortura.

—No han repartido la ropa de invierno aún —le explicaban.

—No me interesa —y se iba.

¿Qué motivaciones poseen a un criminal? ¿Cuáles a quien viola a una niña de cuatro años?

—El instinto, el descenso del ser humano a la bestia… Y me cansé, dije: «¡ya!, son muchos años».

En verdad dijo «ya» por otro motivo.

De vez en vez, un joven recluso caía del segundo piso de la litera; con el estruendo quedaba sobre el cemento frío como en trance, convulsionando. Ercilio dictaminaba que el reo había debutado con epilepsia «gran mal», y sugería que lo trasladaran al hospital.

—Ese es un descarado —mantenía un oficial penitenciario—. Lo voy a poner a cortar caña.

—Mayor, como usted sabe más que yo de medicina, lo dejo al frente de esto.

En Ercilio reside una violencia que drena como ironía; la suelta en voz baja, tranquilo. Una pizca de veneno invisible que pasma durante unos segundos las neuronas del adversario.

***

En los 80, Ercilio produjo estudios para el Ministerio de Salud Pública con nombres como estos: «Suicidio por estrangulamiento a lazo» (1982), «Algunas consideraciones sobre el envenenamiento con cianuro y la ingesta de sustancias medicamentosas» (1983), «Características del delito de la esfera sexual en Matanzas» (1985); «Retraso mental y delito» (1987); «La valoración ético-moral de los delincuentes en los conceptos hogar, madre y esposa» (1989).

¿De tanto mentarla, llevarla a casa, abrir y cerrar sus fauces sobre los hombres, la muerte lo visita a uno?

En el 88 Ercilio casi muere y, saliendo del abismo, le dejó a la Parca el riñón izquierdo, el bazo; conservó para sí la columna fracturada y el páncreas desgarrado.

—¿Dónde fue el accidente?

—En Jagüey.

Viajaba en auto, al lado del chofer. Iban a 90 kilómetros por hora cuando impactaron contra un tractor.

—Yo preví el accidente, sabía por dónde vendría el golpe.

Pegó el pecho y el torso a la carrocería, protegió el corazón y la aorta. Y llegó el impacto: un jalón olímpico de órganos y ligamentos.

Ercilio tuvo inmediata noción de su gravedad, pero dijo que lo llevaran para Matanzas.

—No llegas, son casi dos horas de carretera.

—Llévame —insistió Ercilio.

—El dolor te va a partir por el medio.

—El dolor no me va a partir por el medio porque tengo maneras de controlarlo –aseguró, pensando quizá que las técnicas de yoga le servirían de algo.

Entró a la ciudad «shockeado» por la pérdida de sangre.

Después vino un momento maravilloso para Ercilio: cuatro meses enclaustrado en su casa, leyendo. Aquella fue una de las dos ocasiones en que ha abandonado su trabajo. La otra fue por el dengue: la fiebre que a principios del siglo XX detuvo la construcción del Canal de Panamá.

A veces pasaba el rato rectificando a José Martí.

—Su griego era descuidado. Cometía errores comunes como puntuar la «i». En griego eso nunca se hace —dice Ercilio—. Nunca me aburro.

Asegura que duerme entre siete y ocho horas diarias.

—Lo que pasa es que tengo que leer mucho, y tengo que tener memoria para todo lo que leo. Las personas creen que soy una persona estudiosa. Pero apenas leo lo que me gusta.

—Cuántos libros lee al año.

—Sesenta como promedio.

¿Todos le gustarán?

—Pero nada, como he aprendido mis lenguas... 17 idiomas. Eso me da una ventaja enorme —y estira la «o»—. A veces estoy leyendo en la casa y salto del francés para el portugués.

Mientras el huracán Irma devoraba casas enteras en la costa norte matancera, Ercilio pasó el temporal entre su colección de Biblias, haciendo comparaciones entre las versiones Reina Valera, la Septuaginta, griega, y la Stuart, en hebreo.

—Me encanta el «Eskelet» («Eclesiastés», en griego).

«Entonces dije yo en mi corazón: como sucederá al loco me sucederá también a mí. ¿Para qué pues he trabajado hasta ahora por hacerme más sabio? Y dije en mi corazón que también esto era vanidad». Así reza el Eclesiastés.

Una mulata se asoma a la puerta de Ercilio. Pide permiso y pregunta por un libro de Historia de la Medicina. Se lo han mandado a consultar por la universidad y le han enviado con Ercilio.

—¿Qué sustancia tóxica ha consumido tu profesor?

La muchacha suelta una risita. Se trata de un libraco que, perfectamente, podría sustituir un bloque de construcción. Cientos de años de historia de la medicina entre tapa y tapa.

—Pasa por la tarde, que yo te cuento el resumen.

Desde una esquina Arnaldo Mirabal, el periodista matancero, tercia en la conversación:

—Siempre he dicho que Ercilio Vento es el ejemplo cubano de hombre renacentista.

—Eso me han dicho —susurra Ercilio, en el centro de la oficina.

—Me había comentado que ya no teme morir —comento.

—A los 70 años, luego de haber vivido una vida intensa, llena de experiencias únicas e irrepetibles, no se le teme ni a la muerte.

—Pero, algo debe provocarle escalofríos...

—Quizás una invalidez total o la pérdida de alguna habilidad —dice Ercilio y se reclina en su asiento—. Pero nunca pienso en eso, al que no tiene tanto tiempo para vivir le queda poco que temer y disimular.

EL REGRESO DE SCARFACE
Lianet Fleites

Parte I
El Solana

Navegación fluvial, petrolero, embarcación mayor de trescientos pies de eslora total, que es decir casi cien metros. Trescientas personas encima. Grande. No colosal, solo grande.

Lujoso si atraca en un mismo muelle junto a los botes pesqueros de algún puerto pobre. Lujoso cuando, al zarpar de ese muelle, le recuerda al astillero que la modestia no sostiene ninguna gran obra de ingeniería naval, que la pobreza de su orilla es una noria mecánica y le devolverá la misma pobreza en cada vuelta, una y otra vez, una y otra vez.

El Solana: hermoso pero falible, como un héroe que se malogra. Ideal, si no fuese por el fondo. El fondo era plano.

El Solana se hundió.

Viñeta sobre un hombre que parte

Le dije que estaba bien, que muchas gracias. Muchas gracias, comandante. Él atendía las regulaciones legales y la seguridad de los barcos antes de salir del Mariel. Que no cogiera la cigarreta, que el tiempo estaba malo y nosotros llevábamos niños, que mejor El Solana, si me parecía, sugirió.

A mi papá no le gustaba el socialismo. Decía que era un sistema donde no podías tener ni la propiedad de una chiva. Crecí con ese disgusto. No podía quedarme. Subimos mi esposa y yo, con los tres muchachos. Año ochenta.

Un hombre me preguntó si yo estaba allí por escoria. Que no, dije. Que a mí me reclamaba mi familia, dije. Pero que me iba sí o sí, porque yo era ex preso político, seguí diciendo. Entonces se destapó a preguntar, como una metralleta, que de cuál parte de Cuba era, que yo debía conocer a un amigo suyo también de la zona central, que si yo había estado en la cárcel de Nieves Morejón tenía que conocer obligado a Miguel Ángel Orozco Crespo, condenado por agente de la CIA. Con él estuve, lo conozco, dije yo. ¿Cogiste salvavidas? Quiso saber. No, ¿para qué?

Pero no fue el golpeteo del vaivén contra el fondo plano lo que reventó al Solana. No hablo del latigazo de ola que abrió ¿dos huecos? ¿Tres, acaso? No hablo de la pantanera, ni de las turbinas chirriando para drenar aquello. El problema llegó con el lanchón de desembarco de la Marina Americana que se arrimó a rescatarnos. De tan ligera, la lancha, empezó a chocarnos con saña. El mal tiempo la empujaba para arriba de uno. Y ahí sí se armó la lloradera. La gente se tiraba al agua con el salvavidas abajo de los sobacos. Porque era un espolón de aluminio que hincaba los tablones con cada choque. Todo lo desbarató. Astilla.

¡Que era una embarcación de río! ¡Que El Solana paseaba personas en el Misisipi! ¡Que no servía para navegar en aguas profundas! Una información bastante estúpida si estás a cuarenta kilómetros de la costa cubana, entre casi trescientas personas que se han apretujado sobre el techo de un barco semihundido.

Los marines del lanchón no podían con aquello y pidieron ayuda a un Destructor de la Segunda Guerra Mundial, propiedad del ARMY. Y cuando llegó, y cuando por fin comenzó el trasbordo, ya la ansiedad se había colado en las fibras musculares de la gente, por eso las manos andaban por su cuenta, como con vida propia, fuera de sintonía, aruñando el cinturón blindado del barco, tanteando cualquier agarre. Los pies, por su parte, tanteaban el apoyo.

A las mujeres y los niños los metieron en el camarote. Les dieron comida. Los hombres tuvimos que quedarnos en cubierta. No alcanzaba el alimento ni el agua. Y hacía frío, pero estábamos vivos. Todos.

Con mi familia sana y salva, lo que pasara después me importaba un pito. Me tumbé en la baranda unos segundos y miré cómo el mar desguazaba un trozo de casco: la última pista del Solana. Había madera desparramada por todas partes. Eran olas con dientes, pensé. Como las sierras de una carpintería.

Esto es un prólogo

Ahora Victoriano Concepción Meneses, que nació el 15 de abril de 1949, tiene doce años y está bajo ocho o nueve varas de tierra. No metros, ni millas, ni esa bonita palabra: yardas. Los pozos se cavan con varas de hierro, por tanto, se miden según la cantidad de varas necesarias para tocar el manto freático.

Víctor, como le dicen en el barrio, se hunde de a poco en una sustancia negra. Se le pierde el cuerpo en aquella materia. Víctor es, ahora, una cabeza flotando sobre tinta oscura. Le gusta estar ahí dentro. Lo han bajado los socios. La escena es esta:

Desenreda el cubo de zinc y en su lugar amarra una estaca de palo. Asegura. La roldana compensa el peso. Víctor se deja caer del brocal, parado sobre la estaca. Del otro lado de la soga, los socios se reparten entre todos aquel amasijo de huesos para que no reviente como un bulto contra el agua. Dice, desde el fondo, que está bien. Lo grita y el sonido se alarga, se modula.

No le espanta el encierro que supone un pozo. Ni siquiera la idea de quedar atrapado en una muerte viscosa, inacabable, que te deja respirar solo para que asistas con lujo de detalles a tu propia asfixia. Los amigos se han ido, pero regresarán y él lo sabe.

Cree de sí mismo que es muy serio para la edad. No anda en jodederas ni relajos. También cree de sí mismo que es valiente, porque montar toros y subir palmas es cosa de valientes. Todo esto lo cree de sí mismo cuando ya no vive en Guayo, su pueblo natal; ni en Corralillo, donde bajaba al interior de los pozos. Lo cree de sí mismo, casi una vida después, sentado sobre un mueble de hierro en su casa de Pavón, municipio de Encrucijada.

Y usted, que lee hasta aquí, se ha de sentir estafado presumiendo que lo descrito no conduce a ninguna parte, que no hay proeza en que un niño procure el encierro húmedo de un pozo. Pensará, además, que decir Pavón no contiene mayor singularidad que decir los otros dos pueblos, o que decir cualquier pueblo de Cuba al azar, puesto que todos, de manera general, no son más que un puñado de semillas idénticas lanzadas al aire, polvo cósmico. Pero este hombre que me narra su vida está sentado sobre un mueble de hierro, en la casa de Pavón, porque antes estuvo en la cárcel; y antes de la cárcel, en Miami; y antes de Miami, en alta mar, encima de un barco hermoso aunque fallido nombrado El Solana; y antes de ahí, en varios calabozos de Las Villas.

Sin embargo, hay algo pulsando en ese niño dentro del pozo. La cárcel por sí sola –incluso si habláramos de diecisiete años en prisiones de máxima seguridad en los Estados Unidos de América– es grasa refrita. Este sujeto que ahora me mira como quien ha entrado y salido por un pliegue de la muerte no recuerda haber llorado jamás.

Entonces, si me dejan, bien pudiera, digo yo, contarles la historia de un hombre que no puede llorar, asegura él. Un hombre que tuvo una relación especial con el dolor, pero sin padecerlo.

De aquí en lo adelante la historia se pone buena, o eso creo

¿Qué quieres que te diga? ¿Que mi vida ha sido una retahíla de eventos terribles? No lo sé. No puedo saber. No siento miedo ni esa clase de dolores que te cierran el rostro como un puño. Quizá lloré alguna vez, pero sería de niño, cuando mi padre me sonaba. Él era dado a la leña. ¿Que cómo he podido cargar sobre los hombros una vida de perros? Para mí no ha sido una vida de perros. Tuve un amigo llamado Miguel Ángel Orozco Crespo, condenado por agente de la CIA, que me dijo, Víctor, la prisión no se debe sufrir nunca, no pienses que estás preso. ¿Te he dicho ya que soy creyente? En Dios, claro, creo en Dios. Aunque no quiero asistir a un programa de estudio de la Biblia ni nada por el estilo. A cada rato me visitan Testigos de Jehová. Pero si fuera religioso, sería evangélico. Creer me ha dado conformidad. Y la conformidad me ha removido cualquier ambición. Así sobreviví en la cárcel: con la cabeza en blanco, que es decir sin altanerías ni orgullos. Porque la vida, aunque parezca otra cosa, es una pelota de excremento dura y seca. Uno tiene que rodar esa pelota, quererla, guarecerse ahí y alimentar a la cría de uno con esa materia fecal.

Algunos presos, con condenas muy altas, se suicidaron. Los vi. Pero no sufrí crisis de ansiedad. Soy una persona realista. Creo que los suicidas también lo son, claro. Mi condena era soportable y eso me daba ventaja. Sabía que el día número dos ahí dentro, era ya un día menos. Las horas en prisión son como un cincel muy suave, imperceptible, que te va ranurando la razón. Y cuando acumulas muchas horas, la mente ya está hecha un colador. Los que se quitaron la vida le huían a eso, a terminar locos.

¿Tratamientos para los nervios? ¡Nada de eso! Tampoco he tomado bebidas alcohólicas ni he fumado. ¡Y ni una sola raya de coca por flaquita e inofensiva que fuera! No insistas, jamás la he probado. El traficante, te dicen allá, no puede ser adicto. Si una obsesión tuve alguna vez, parecida al vicio, igual de tóxica, fue la de irme echando. A cualquier precio. De Cuba.

¡Porque no me gustaba el sistema! Con la intervención del comercio pequeño nos quitaron un kiosko y una guarapera. No éramos lo que se dice ricos ni ocho cuartos. Aquello solo daba para mantener la casa con los cinco muchachos. Por eso, en el setenta, diseñé mi primera balsa. Faltaba el motor, pero lo robamos de una cantera. ¡Yugoslavo de gasolina! Le dimos una botella de azuquín al custodio para que se hiciera el sueco, aunque en verdad era medio haitiano, negro, alcohólico y de nombre Patuá. Nos íbamos, cinco personas, por un canalizo llamado La Estrella, a un costado de El Santo. Entonces el yugoslavo de gasolina no quiso arrancar, se había mojado. Todo se jodió. Y un año después fui preso. Me chivateó Luis Hernández Arredondo, alias El Pinto. Porque uno se entera de todo.

Me fugué. Me cogieron. Quise fugarme de nuevo. Me trasladaron. El 3 de octubre de 1978 salí.

Las prisiones federales americanas son otra cosa. A veces solo se entra. En Lewisburg, Pensilvania, dormía en una celda solitaria. Las paredes estaban levantadas con masilla. No puedo decir que una prisión construida hace un siglo sea una prisión vieja, no entiendo mucho de eso. Pero nunca la idea de escaparme me atravesó la cabeza. La sola imagen del sitio pesaba tanto como el trabajo de plantearme la fuga.

Digo que tal vez no fuera una prisión moderna porque el salón de visitas, por ejemplo, no tenía cámaras de seguridad. Eran tiempos bastante cómodos para la venta. Le tomé el golpe a la cosa ahí dentro. Quizá por eso ni siquiera fantaseaba con el exterior, lo que algunos llamaban la de verdad, la vida como una interestatal que fluye afuera. ¡Mentira! Me hubiese abierto la cabeza en dos tapas por tal de darle un sentido a aquello, si no me jodía. Por eso seguí con la cocaína. Por eso y porque al principio no habían cámaras de seguridad en el salón de visitas.

María Ruiz Rodríguez, esposa consagrada, madre de mis tres hijos, era mi proveedora.

Polvo, blanca, nieve, flake

Se vierte el polvo en un dedo de guante médico, en la punta. Dos gramos exactos. Luego se amarra con un hilo dental fuerte. Tres vueltas de látex, para asegurar. ¡Una bola de jugar los muchachos! Si te tragas cincuenta y seis, te tragas cuatro onzas. Después solo debes provocarte el vómito, que también tiene su fórmula: una vasija con aceite de comer, sal y agua tibia. Todo se devuelve.

María las traía preparadas en los senos. Yo largaba la mano por este lado, así, y me las iba pasando a la boca mientras tomaba Coca-Cola. Cada onza costaba mil dólares en la calle. Las cuatro que me embuchaba, se vendían allí en doce mil. Te hablo del año 83.

La mercancía entera la compraban dos clientes fijos. Consumidores. Era gente rica. Llamaban a sus familiares desde un teléfono y entonces se enviaba el pago. No, no a la cuenta bancaria. Llegaba por correo postal, sí, vía correo postal. Servicio Over Night, muy popular en aquella época. Uno era propietario de un hipódromo en Nueva York, nombrado Mike. El otro, Obin, de origen canadiense, decía tener acciones en una compañía constructora de barcos mercantes que operaba en Canadá.

Oh, a un gramo se le sacan varias líneas pa esnifar. Hay personas que hacen unas líneas grandes, otras las hacen chiquitas. Pero un gramo da para pasar bien bien un día entero. El efecto de una línea de coca puede durarte de treinta minutos a una hora, depende de la reacción que tenga el organismo. Entonces, si estás en la cama con una mujer, o en un bar, o en...en... se me olvida el nombre, ¡caramba!... ¡discoteca!... Se vende bastante en las discotecas. Empecé traficando en algo parecido a un club, sin embargo, en esta prisión federal de Pensilvania se vendía más cómodo.

Para mis últimos años en Lewisburg ya habían instalado cámaras. El salón de visitas era muy grande, nos reuníamos como doscientos presos. Yo estaba chivateao. Ellos sabían de mí, aunque no se enteraron de cómo entraba la cocaína.

Comencé a comprarle la droga a unos policías. Había un intermediario, otro preso. Nunca supe quiénes eran esos policías. No podía andar con preguntaderas. El portorriqueño que mediaba en el negocio me la daba en dos mil, yo la vendía en tres mil. La entrada se hizo más constante. Ya no hacían falta aquellos suministros en visitas quincenales, y mucho menos tragarme las bolas de látex. Era de una mano a otra.

En Leavenworth, Kansas, sí tuve que vender regado. Fue mi segunda prisión de máxima seguridad. Entre las dos cumplí diez años de la condena. Un tipo con treinta cadenas perpetuas, Jimmy Vilá, que alardeaba con haber entrenado boinas verdes durante las acciones en Las Tierras Altas Centrales de Vietnam, me alertó del negocio ahí dentro, cómo funcionaba, y que los problemas se resolvían hablando cero. Aquí hay que hacer, me dijo. Sin avisar. Y yo capté.

Algunos clientes no querían pagar. Y uno no puede arratonarse porque lo linchan. Menos si vendes droga. Tienes que tratar con viciosos, gente enferma, que pierde el control. Se te va el negocio a la mierda. No levantas cabeza. Un penco.

Les daba la puñalá y salía echando. No era de armar atmósfera. Cada trabajo mal hecho era un cadáver pesándote en la condena. Tiempo que te echabas arriba como un bulto fofo. Entonces sí te embarcas. Perdí la cuenta. Pero lo hacía con limpieza, mira:

De 7:00 a 8:00 de la mañana se abría la celda para el desayuno. Yo faltaba ese día al comedor y me colaba en sus dormitorios. Los esperaba. Ellos aparecían, desayunados, y yo los ensartaba. Y cuando los ensartaba, y cuando me aseguraba de haber enfundado el cuchillo en una barriga cualquiera, no los miraba a los ojos, ni pensaba en los buches de sangre, ni movía en redondo la mano para atornillarle a las tripas la masa triturada del desayuno. Porque no daba tiempo. Tenían que juntarse todos esos detalles en el lapso de un segundo. Por eso mi movimiento se resumía a un gesto, un ademán: saludas, haz como quien se va-clava-saca-dale. Y sí te estabas yendo, te vas, te fuiste. ¿Entiendes? Un solo corte.

Eran llevados a enfermería y entonces no me enteraba si lograban sobrevivir. Los que seguían con vida el gobierno, por seguridad, los trasladaba de institución. No me pesan, no. La prisión es otra cosa, otras reglas. Captarlas es el único modo de entrar en ambiente, en juego, igualito que en la vida afuera, en esta donde estamos tú y yo. Hay que acoplarse. Allí todo se trastoca, y ajustar cuentas a puñaladas es lo natural. Mantener una ética de esas yo-no-me-ensucio-las-manos, es una forma de ser altanero, arrogante, creerte superior, y podías caer feo, podía costarte. Si existía algún sistema de normas, pues yo me mantuve a raya. Duermo tranquilo, como dicen por ahí.

Aunque el primer cuerpo acuchillado que sostuve en mis brazos no fue en prisión, sino en esa especie de club nocturno donde empecé a traficar. Sí, Miami... en... North... ¡caramba!

Calle North 1010 y 198 Avenida del South West

Los cuchillos de cocina Victorinox tienen hojas estampadas y no forjadas. Parecería que la clientela norteamericana no anda quisquillosa respecto a la artesanía de hierros.

Imagino a la clientela norteamericana tomar en sus manos el cuchillo, ripiar en menudencias la imagen mental de un pavo, y pagar con alevosía en la caja registradora de un mall.

Todo esto lo presumo después de leer que Cook's Illustrated, una revista culinaria estadounidense, los consideró en 2004 como buenos utensilios de cocina y muy populares desde hacía una treintena de años en el mercado de su país.

Victorinox, dueño también de las navajas suizas, produce para 1982 un gran lote de cuchillos Forschner. Cada unidad de ese lote se vende por cincuenta dólares en los mercados de la Florida.

En la calle North 1010 y 198 Avenida del South West de Miami, un hombre, al que llamaremos Manager, trocea una col. Lo hace con la hoja estampada de un Forschner. Es el año 82.

A la entrada de la cocina hay un buró. Detrás del buró, un tipo, empleado de Manager. Encima del buró, solo un revólver. Debajo del buró, algo, un generador de sentido para aquella escena.

El tipo tiene el rostro plano y blanco como una pastilla. La ve venir. Ella corre en blúmer, con las tetas al aire. Está tinta en sangre. El tipo no atina. Agarra el revólver cargado con su mano derecha pero no atina. A la chica la persigue un sujeto en calzoncillos que da zancadas largas. La quiere trincar con sus manos, por eso lanza brazadas al aire.

El sujeto le grita puta de mierda a la chica. Aunque en realidad lo viene gritando desde el párrafo anterior, porque los movimientos de ambos son más rápidos que el sonido y más rápidos que mi redacción. Hay un desfasaje entre lo que vemos, los sonidos suspendidos en la atmósfera y lo que en verdad ocurre. De hecho, el tipo con rostro plano, usted y yo, no entendemos a cabalidad por qué una bola de sangre con dos tetas saltándole se abalanza sobre la cocina, y luego, como si la chica fuera la roca que origina el alud, se le encima una capa de nieve peluda y violenta, y a esas dos capas iniciales se le incorpora el sonido para sellarlo todo.

La chica se cuela en una zona que pertenece a Manager. Se le pierde detrás. Manager le pregunta al sujeto que qué había hecho. ¿Qué hiciste? Manager tiene la serenidad de todo hombre capaz de trocear bien fino una col. El sujeto lo corrige, le dice que no se trata de lo que ha hecho sino de lo que hará ahora. Pero no emplea esa prudencia, lo grita así: ¡lo que voy a hacerte a ti, jueputa! La escena demora, a lo sumo, par de segundos.

El tipo con cara de pastilla se encarga del cuerpo. Manager enjuaga su Victorinox.

Suben el cadáver a la cama de una camioneta Ford Granada. Manager tiene que quedarse. El de cara plana maneja hasta Hunting. La madrugada es un gas negro que los desaparece.

Hay una baranda y hay un pantano. Lo primero es una especie de frontera entre dos dominios. El tipo nota que el cadáver es un cadáver en calzoncillos. Cuenta diecisiete puñaladas en el tórax. Visto así, el tipo siente pena del sujeto. Hay mucha indefensión en eso de estar acuchillado y medio en cueros. Como si no bastara la poca elegancia de estar muerto, muerto y sucio, muerto y frío como un sapo, muerto y feo como una tilapia, muerto y fláccido como una gelatina, y hubiese que sumarle la desnudez de un cuerpo no precisamente joven, el moco genital más difunto que su dueño, sepultado tras un calzoncillo muy digno él, que hace lo suyo para que no nos arranque, la escena, una lágrima.

El tipo cree que el sujeto es dominicano. Le pesa. Le cuesta levantarlo por encima de la baranda. No cree que es dominicano precisamente porque pese, ni digo que en una situación equis el tipo se resista a cargar a un dominicano. Digo que Cara de Pastilla mira al sujeto, mira los ojos sin párpados, redondos como los ojos de las tilapias, le mira los rasgos, acuna su cabeza y lo observa. Piensa que es el instante más íntimo que ha tenido con una cabeza de hombre. Por tanto, esa cercanía le permite asegurar que algún gen dominicano hubo en esa masa fofa. Mira también a todas partes, porque, no sé si les queda claro, pero el tipo quiere lanzar un cuerpo al pantano de Hunting.

Logra trepar el estómago muerto en el filo de la baranda. Se acuclilla y levanta los pies del cadáver para que el propio peso se encargue del resto. Impacta. Un gas negro se traga la escena. Hay un sonido como de coletazos.

Hasta el fémur ellos trituran con la potencia, se dice a sí mismo el tipo mientras arranca la camioneta. Los cocodrilos tienen mil cuatrocientas libras de presión en las mandíbulas, escuchó en un documental bien serio.

Manager le pide que vaya a descansar. El tipo conoce algunos puntos de sutura y decide llevarse a la chica. En su casa, le empata dos trozos de piel sobre el pómulo. Desinfecta. Remienda también parte del labio y la ceja. Desinfecta. No estrictamente en ese orden.

No acepta pago, no. ¿Que cuánto quieres por el trabajo? ¡Que nada porque eso no es pago con nada! Manager desaparece del cuadro unos segundos y regresa con una bolsa hermética.

La bolsa contiene el generador de sentido, la razón por la que existe un buró a la entrada de la cocina. Detrás del buró, un tipo. Encima del buró, solo un revólver.

¿Qué había exactamente en la calle North 1010 y 198 Avenida del South West?

Una casa de prostitución. Enorme. Tenía veintisiete cuartos. La mayoría de las chicas eran jóvenes extranjeras, estudiantes. Todas consumían. Alguna que otra fumaba marihuana pero mi venta era la cocaína. Me buscaba de dos mil quinientos a tres mil dólares semanales. Ahí trabajé durante siete meses. Por la noche. Viernes, sábado y domingo.

Los clientes llegaban al prostíbulo por recomendación. Ante cualquier dificultad con las muchachas, se les devolvía el dinero. Manager no era el dueño pero sí la autoridad. Les aclaraba, a los nuevos, que nada de medidas violentas. En las habitaciones había teléfonos conectados directamente a la cocina. Manager era el núcleo, regía desde allí.

Trescientos dólares la hora. Ciento cincuenta para la muchacha y ciento cincuenta para la casa. Ellas comían en el prostíbulo, se arreglaban el pelo, las uñas, totalmente gratis. Esos servicios los cubría la tarifa de cada una. Yo me sentaba en un buró y vendía por fracciones, por gramos, tanto a las chicas como a los clientes.

Era dominicano. Pregunté luego y me dijeron que sí. No lo hice por dinero. Si me agarraban en la calle con el cadáver debía asumirlo. ¡Vaya, que lo hice porque no quedaba de otra! Manager me cogió una especie de afecto, o de confianza, por eso de haberle botado el muerto. Me regaló polvo puro puro. Medio kilo. Con paciencia podía salir del paquete en veinticinco mil, pero lo di en veinte. Al poco tiempo me fui de allí. No por susto, sino porque se gana mejor a domicilio.

La América de Reagan

En los setenta, Nixon descubre que existe el tráfico de drogas porque existen consumidores y un mercado nacional extenso. Nixon invirtió recursos para combatir el consumo dentro de su país. Fusionó la Oficina de Narcóticos y Drogas Peligrosas (BNDD) –que ya era en sí misma una fusión– junto con otras agencias federales para crear la Administración para el Control de Drogas (DEA).

Nixon pensó en la oferta. Cerró un cruce fronterizo clave entre México y Estados Unidos para que no circulara ni hoja de marihuana, ni partícula de heroína en su territorio. Gerald Ford y Jimmy Carter continuaron los programas para erradicar el mal de raíz, es decir: arrancar los cultivos en tierras extranjeras mediante presiones diplomáticas y leyes de ultramar.

Se gastaron decenas de millones de dólares en La Guerra Contra las Drogas durante los setenta. Y, en efecto, disminuyó el consumo de heroína mexicana, se sintetizó menos opio turco, pero se disparó la blanca cocaína sudamericana entrando, inmaculada o sucia, por los puertos de Florida.

En 1982, Nancy Reagan apareció en cadena nacional, meticulosamente peinada, informando que la cocaína y el crack liquidarían a los hijos de América si ellos no les insuflaban, desde niños, el espanto suficiente. La Encuesta Nacional de Hogares había revelado, meses antes, que 23,3 millones de estadounidenses consumían drogas ilícitas. Las campañas promovidas por la primera dama y los discursos conservaduristas del presidente, orientados a la clase media, rindieron algunos frutos: una década después el consumo se había reducido casi a la mitad de este número.

Sin embargo, la administración de Reagan no solo combatió el consumo, sino que tomó una cifra escandalosa del gasto federal antinarcóticos y lo lanzó por un despeñadero en su obsesión por combatir también la oferta. Falco señala cómo, para la erradicación del cultivo, brincó el financiamiento de 416 millones de dólares en 1981 a 1,6 mil millones en 1987. Mientras que Bruce M. Bagley, profesor titular de la Universidad de Miami, en conferencia impartida en la Universidad Icesi de Colombia, explica que si algún éxito tuvo esa batalla no fue a través de la prohibición ni la intervención, sino a través de la prevención, educación, y diferentes tipos de tratamientos.

Reagan inició programas como La Operación Alto Horno, donde tropas estadounidenses ofrecieron apoyo logístico a la Policía Nacional Boliviana para destruir cultivos. Pero no solo sus soldados, un año después el país sudamericano empleó 48 millones de dólares cedidos también por Washington para desmantelar 26 mil hectáreas de coca. Resultado: los agricultores en Bolivia plantaron más de 35 mil nuevas hectáreas de la hoja. Pudiera decirse que los esfuerzos de Estados Unidos para erradicar las plantaciones en Bolivia fueron una especie de Programa de Apoyo a la Coca a costa de los contribuyentes. La misma política de reducción de la oferta se aplicó a Perú y a Colombia

A pesar de un Ronald Reagan dispuesto a pisotear con sus propios zapatos toda la plantación de coca, marihuana y adormidera de Sudamérica, y a pesar también de que su esposa, estirada como un camafeo, advirtiera a los padres americanos que la droga mataría a sus hijos, o los desviaría moralmente en caso de que alguno quedara con vida, y a pesar del enorme fajo de billetes que los contribuyentes estadounidenses gastaran en política exterior de cara al problema del narcotráfico, la producción de coca casi se duplicó de 1984 a 1994. Colombia redujo su producción pero aparecieron nuevos escenarios de cultivo, nuevos mercados, nuevos grupos de crimen organizado. Se bloqueaban corredores en los límites terrestres y la droga atracaba en los puertos del sur. Se desvalijaban contenedores en las costas de Florida y Louisiana, pero las fronteras estadounidenses son largas y porosas.

El dinero groso que genera el comercio de droga en Estados Unidos se exprime de la venta y la reventa en la calle, y no de los campos de adormidera en el extranjero. Según calcula la Corporación RAND (Research ANd Development), el costo total de cultivar e importar droga equivale a menos del 12 por ciento del precio al menudeo en las calles norteamericanas. Las patrullas de "forcejeo", muy populares en los ochenta, así como las redadas, resultan para Mathea Falco, ex secretario auxiliar de Estado, las medidas más eficaces para la reducción del consumo en las ciudades norteamericanas así como del crimen asociado al narco.

Tomemos las redadas, y tomemos el crítico año 1982. Víctor Concepción Meneses cae frente a tres agentes encubiertos de la DEA el día 2 de diciembre.

La caída

Llevaban toda la pinta y caímos. Uno mira de reojo el Rolex y ve que es bueno, es de verdad, y ve la cadena dorada y ve también el carro deportivo. Uno cae.

Yo vendía por kilogramos el polvo. La venta grande. El trabajo a domicilio duró poco más de cuatro meses. El lote se cogía en los puertos de Bahamas, había que navegar hasta allá. La cocaína llegaba procesada. Nunca nos gustó la pasta base, nos interesaba el producto final y limpio. Alberto lo compraba a crédito. Alberto Malván era mi proveedor, el que la sacaba de abajo de la tierra, la pagaba, y controlaba ese primer movimiento. Era el punto de arranque. No un capo, aquello no estaba ni cerca de ser un cártel. Más bien éramos un *team*, unos pocos, algo modesto.

Casi toda la droga se almacenaba en fincas. Malván reunía hasta ocho toneladas de coca en distintas propiedades, sobre todo en las afueras. Era un hombre de poco hablar. Sesentón. Tenía un guardespaldas las veinticuatro horas. La cosa funcionaba así: alguien te recomendaba, él te vendía, entonces, aquí estaba la droga y aquí el dinero. Punto.

En conversaciones supe que le gustaban muchos los gallos finos. Tenía una galería en la Avenida 40. Llevaba sus animales a Cayo Largo, donde se jugaba mucho dinero en una valla.

En el 82 nos apretaron las tuercas. La DEA coló mil agentes secretos nada más en Miami. Dentro del team nuestro había uno. Nos recomendó a unos supuestos compradores. Gente de la venta al menudeo, como el resto de nuestros clientes, que distribuyen en la calle o a domicilio.

Fuimos a un motel que administraba un expreso político amigo mío: Agustín Álvarez, de Sancti Spíritus. Trabajábamos siempre en equipo los tres. Ellos también eran tres.

Me senté con el primer kilo. Mis compañeros permanecieron parados detrás de mí, por seguridad. Dije que la droga estaba pura, que chequearan. Cada uno se echó una ración mínima en la lengua. Es un test simple, pero muy popular. En la medida que se entumece la lengua, mejor calidad tiene el producto.

Uno de ellos trajo, desde el auto deportivo, el dinero hecho un paquete, envuelto en periódicos. Contaron hasta diecisiete mil, el pago ajustado era de cuarenta y nueve. Entonces sacaron las armas y vimos que se trataba de un operativo. Le dispararon a Mario y a Agustín, ocho tiros y dos. A mí no me dieron. Pude romper una ventana y saltar. Estaba desarmado, era quien presentaba la droga y debía inspirar confianza, por eso decidí ir vestido con blue-jeans y pulóver, ligero, sin armas. Las fuerzas de apoyo me capturaron. No pude levantarme del piso siquiera. Todo estaba preparado.

Después de 90 días en prisión nos llevaron a juicio. Uno de mis compañeros mató a un agente con dos balazos en la cabeza. El otro, disparó al estómago de un policía y le jodió también la pierna, hubo que amputársela.

Mi abogado se portó malísimo. Cobró sesenta mil. Su nombre es Humberto Aguilar. No reunió evidencias, la defensa fue un desastre. Acostumbraba a representar a narcotraficantes. El fiscal era de apellido Taylor, Nail Taylor. Presidió el jefe de los jueces federales de Florida, Jimmy Lawrence King, un hombre de alta confianza para el gobierno.

Estábamos hasta el cuello. La cosa se exageró. Los agentes baleados se comieron aquello a mentira. ¡Qué se identificaron antes del tiroteo! ¡Puro cuento!

Llovieron los cargos: posesión de drogas, muerte de un agente federal e intento de asesinato a otro. Treinta años para ellos y veinticinco para mí, porque estaba desarmado. Los abogados de mis compañeros lucharon duro la pelea, pero estábamos hasta el cuello.

Parte II

¿Será verdad, Mono, estará muerto? Y el Mono discó un número corto. Y luego habló con una especie de pizarra. Lo perdí de vista, pero al rato se apareció en la celda y me dijo que sí, que estaba muerto.

El Mono había metido cincuenta y seis toneladas de cocaína a los Estados Unidos. Por eso estaba preso junto conmigo en la federal de Leavenworth. Me dijo una noche que ese número se quedaba corto, cortísimo, que había introducido mucho más, que tenía treinta y seis aviones Comander, bimotores, y que cada uno, solamente, movía seiscientos kilos. Su sentencia era de treinta años, y cumplía veinte, porque se pagan las dos terceras partes. Era mi compañero de celda hasta que me trasladaron a Bastrop, Texas.

El Mono se llama José Rafael Abello Silva, y su fortuna, me confesó, sobrepasaba los mil millones de dólares. Era uno de los pesos pesados del Cartel de Medellín, por eso le creo el alarde, palabra por palabra. Cuando vi por el televisor que le habían sonado un pistoletazo a Pablo Escobar fui directo a la celda. El Mono llamó a Colombia y la hermana de Escobar lo confirmó. Era el año 93.

Ni él ni Verdugo consumían. Tampoco traficaban en la cárcel. Era menudeo, no tenían necesidad. René Verdugo y el Mono hicieron contacto enseguida. Hay cosas que no puedo contarte, no. No puedo. Verdugo aún está adentro, y estará, porque le echaron una perpetua. Hay cosas que no pueden decirse cuando alguien está adentro, sobre todo si ese alguien quiere salir, o si ese alguien tiene un pueblo de gente que quiere que salga.

Cuando me llevaron a la prisión de Texas nunca más supe de ellos. Allí, en Bastrop, no traficaba. Pero la policía creía que sí. Yo conocía los movimientos de la droga, uno de los traficantes era mi socio, pero la mercancía no era mía. Me investigaron durante cinco meses, y mientras tanto, tuve que permanecer en eso que le llaman El Hueco, una celda de castigo y aislamiento.

¿El Hueco? Chica, no era lo que mucha gente piensa. Estás alejado de la población penal, eso sí. Tampoco es tan reducido el espacio. Casi como el tamaño de esta sala, ¿ves? Con la cama por aquí, la puerta por allá, un baño, ¡claro, su baño en muy buenas condiciones! Su espacio para bañarte, inodoro. Colchón de muelles.

Te sacaban una hora al día para que cogieras sol y caminaras. El espacio abierto medía unos diez o doce metros. El resto del tiempo permanecías en la celda. A nada, no salías a nada. Te llevaban el alimento. Ah, los fines de semana no te daban esa hora en el espacio abierto. Pero nah, uno se adaptaba y... en ocasiones compartía la celda con otro preso. Esa no fue la única vez en El Hueco. Hubo varias. La mayor parte del tiempo la pasaba sin acompañante, aunque las celdas fueran de a dos.

¡Leer! Tienes tanto, pero tanto tiempo, que este toma volumen, se vuelve una masilla pastosa. Le puedes dar formas, estirarlo, hacerlo una bola, partirlo en múltiples partes. La atmósfera de la prisión está cargada de tiempo. El tiempo es una sustancia suspendida ahí, como el nitrógeno, el oxígeno y las otras. Uno se traga ese tiempo, lo defeca, lo transpira. Y yo leía. Llenaba mi celda vacía, que era mi cápsula de tiempo vacía, de lectura y más lectura. Leer impedía que me angustiara o pensara cosas feas.

¿Qué? ¡Un tratado de anatomía! Aprendí mucho. Por las tardes, cuando no estaba en El Hueco, corría. Era corredor de campo y pista. No, no tengo una educación deportiva. Empecé a correr en prisión. Treinta y cinco kilómetros todos los días. Me fui de allí corriendo solo doce.

Me masturbé durante diecisiete años. Digo, uno se masturba desde muchacho y para toda la vida, claro. Lo que intento explicar es que durante ese tiempo vivía a masturbaciones. Tampoco significa que lo hiciera todo el tiempo. Significa... ¡ah!

Muchas personas practicaban...la homosexualidad. No la mayoría, pero sí un buen número de presos. Soy negativo a la homosexualidad. Creo que soy lo que llaman homofóbico. En cada prisión hay una shopping, y en esa shopping hay revistas pornográficas. Yo las compraba.

Las penitenciarías norteamericanas no permiten visitas conyugales. Entonces María llegaba al salón, y nos sentábamos, y yo podía tocarla, besarla, olerla, y contemplar las líneas en su escote y su busto. Luego se iba.

Fueron varias prisiones federales: Lewisburg, Pensilvania; Leavenworth, Kansas; Bastrop, Texas; Florence, Colorado; una de media seguridad en Denver llamada NCI; volví a Florence a los pocos meses, y el último semestre lo pasé en una prisión de Talladega, Alabama, antes de la deportación.

Buena comida, mucha higiene, un baño con agua tibia. También teníamos salas para ver televisión. ¡A color! Muchos canales, muchos canales. Había una antena parabólica. A veces pasaban pornografía y yo me retiraba de mi asiento, porque no me parece correcto ver pornografía rodeado de gente, de hombres. Soy negativo también a eso. Pero las prisiones federales vienen siendo, para un cubano, como un hotel cinco estrellas. Podíamos cocinarnos, manipular hornos microwave. Nos vendían latas de troncho, de carne de res, jamón serrano, sardina, pollo deshuesado, prensado ¡Comida!

La decisión de deportarme a Cuba después de cumplir la sanción fue inapelable. Me sentenciaron a veinticinco años, pero estuve preso diecisiete, porque se cumplen dos tercios.

En 1984 el gobierno de Reagan acordó expatriar a 2746 convictos cubanos, los llamados excluibles. Nunca publicaron la lista. No sé si me registraron pero estoy, ahora, aquí.

El 25 de marzo del año 99 aterricé en La Habana por una pista militar. Avisaron a mi hermana, pero me detuvieron cuarenta y cinco días en el Combinado del Este.

He vivido desde entonces en el mismo barrio. En Pavón. En el puente.

Digresión

–¿Y cuando murió?

–Tampoco.

–¿Y cuando la veías marcharse para luego desaparecer tras la puerta de hierro de aquel salón?

–Tampoco.

–¿Y cuando la veías marcharse, en una escena casi exacta a la anterior, pero con los tres muchachos agarrados de las manos?

–No, tampoco.

–¿Nunca nunca?

–Nunca.

–¿Nunca nunca nunca?

–Nunca.

–Víctor –Vitico–, el mayor de los tres, me dijo que no. Que no recuerda a su padre llorando. Que vivieron juntos, entre una prisión y otra, entre un país y otro, diez años. Pero que no.

–¿Hablaron?

–Sí.

–¿Te dijo algo más?

–Que su padre era un soldado. Y que su padre, cuando entraba por la puerta, era una dama. Y que su padre era un poco mujeriego, pero que él nunca se metió en eso. Y que su padre no conocía la marcha atrás.

–Ya he aprendido a controlarme. Estoy viejo. Hace mucho que no veo a mis hijos.

–Me contó del día que salieron a pescar y llevaron el Marca-U.

–Le disparamos a un pelícano. Aparecieron oficiales armados, uno de ellos me apuntó con el M16. Estaba también María y Nivaldo y Liván, mis otros dos muchachos.

–Dice Vitico que te cambió el semblante, que había odio.

–Ya he aprendido a controlarme, sí. Nunca me arratoné.

–Me habló del Solana, y de las visitas a prisión. Hay frases, pensamientos, que son escandalosamente exactos en los dos.

–¿Sí?

–Por ejemplo, que su padre no era un delincuente como esos que tienen los brazos llenos de tatuajes, que le roban la cartera a una vieja.

–Me lo podían hacer con anestesia. Había muchas tintas en prisión. Me insistieron, pero no me sentía de esos delincuentes que matan o asaltan o roban o violan mujeres, que son quienes tienen tatuajes.

–¿Eres otra clase de convicto?

–¡Claro! Nunca robé por ahí, ni vendí droga a menores, ni violé, ni maté gente inocente. Y en Cuba fui preso político, no un delincuente más. Hay una diferencia, ¿no?

–Vitico cuenta cómo le revisabas la boca en las visitas, en Lewisburg, y le metías la nariz, y olías, para detectar la marihuana. Y le examinabas los párpados, por si habían perdido el color. Dice que fuiste un padre preocupado, pero que a sus dieciséis él tenía tres trabajos, que se echó la casa encima. Que se dormía en el High School y que, sin embargo, lo sacó, machucando. Y que no puede contarme algunas cosas, pero María se las vio negras, sola, con tres chamas.

–Yo le enviaba todo cuanto hacía allá adentro.

–También lo confirmó. "¡Mi papá era un león! ¡Guapeaba por nosotros! ¡Raspiñaba en la cárcel!", dijo.

–Quería que vivieran bien. Que no se involucraran en esto, ni que consumieran jamás la droga. Los ochenta fueron años malos.

–Tu hijo, como tú, me jura por lo más sagrado, por la virgen y su propia descendencia, que nunca la ha probado.

–¿Él está bien?

–Vitico vive en las afueras de Miami, me dice que tiene fincas, crías de animales, y tres negocios propios.

–Con los otros dos tengo menos contacto. El menor es profesor de Kárate, cinta negra. Organiza combates fuera del país, tiene su propio salón. No quieren venir. No mientras haya comunismo.

–¿No temes morirte sin volverlos a ver?

–Tengo conformidad.

–El pasado que me cuentas es distante, absolutamente nadie puede dar fe de la mayoría de los hechos, excepto tú mismo. ¿En qué medida no son memorias fabricadas, memorias pulidas y suavizadas? Tu historia va hasta un territorio que parece pertenecer a la ficción y luego regresa. ¿Me dejas manosearla?

– Los hechos deben estar ahí. Da igual cómo los tires sobre la mesa.

Enero 30 del año 17

Es lunes, temprano en la mañana, y el cielo parece inflamado. La gente hace todavía sus cosas, sus rituales, sus coreografías colectivas. Sin embargo, la gente también sabe que hay un margen de probabilidad de que comience a llover, entonces algo en el ritmo se disloca. Compactamos el día en unas pocas horas, la ropa se destiende aún mojada, y nos volvemos temprano de la oficina. El clima es de contingencia, y es perfecto.

Víctor sale poco. El hormigueo que provoca la amenaza de lluvia le da igual. Me ha dicho que desayuna antes de las siete, y que almuerza de diez a diez y media. Víctor compacta cada uno de sus días en un puñado de horas. La contingencia es su ritmo.

El Puente de Pavón, como toda frontera, es una especie de núcleo. De él nacen (o en él terminan) dos municipios: Camajuaní y Encrucijada. Pero si lo tomamos como origen de coordenadas, no solo es frontera en el plano horizontal, porque debajo de ese puente hay un foso, un hueco; y en ese hueco, un caserío. Entonces, El Puente de Pavón también es un límite dentro del plano vertical, porque separa al barrio de Víctor de ese manto grisáceo parecido al cielo de enero.

Me dice que tiene sesenta y ocho, que casi, porque los cumple en abril. Lleva un suéter de lana ocre. Todo su conjunto es muy ocre y hace que parezca el personaje salido de una postal antigua. Aunque el tono acartonado en sus ojos, piel, suéter, medias y labios, no implica desgaste alguno. De modo que conserva el atractivo de esas antigüedades con cierta atención al diseño.

Está sentado sobre una silla de hierro. Cruza un pie por encima del otro, los dedos trenzados abrazan el hueso firme de su rodilla. Hay en la sala, además, dos sillones de madera y un pequeño multimueble esquelético con varios compartimentos: el espacio –según mis cálculos- para ubicar un televisor mediano, y otras seis casillas donde no cabe aparato electrónico alguno, sino que existen por puro entusiasmo. No veo tal televisor, solo libros desordenados y un pomo de vitaminas.

En una pared, dos portarretratos incómodos ejecutan la honrosa misión de dignificar el espacio vacío. Una joven aprieta los labios y comparte marco con un par de karatekas en pose. Al otro lado de la puerta, en la entrada del cuarto, un adolescente sonríe y creo ver en él un viso familiar. Es el niño de Vitico, me explica Víctor.

Vitico, Nivaldo y Liván le enviaron el dinero para levantar la casa cuando se ajuntó con Migdalia Chirino. Setenta y cinco mil pesos cubanos, que es decir tres mil pesos convertibles, que es decir una cifra similar de dólares americanos. Migdalia, dicen en el barrio, se remangó la camisa y ayudó a los albañiles a fundir la placa.

"¡Migdalia es una loca de la vida! ¡Guapa de verdad!", me dice un hombre de los alrededores cuando pregunto por ella.

Víctor se enamoró de Migdalia desde el santo día que esta le encomendara su propia dentadura postiza. No se arratonó, no. Le sacaba veinte años a la muchacha pero nunca conoció la marcha atrás. Elaboró una plancha de cuatro dientes para el maxilar inferior de su enamorada porque, ¡claro!, él es graduado de técnico en prótesis dental y sus hijos le habían facilitado algunos materiales para su uso personal.

La escena siguiente no transcurre dentro de la sala de Víctor, porque la escena siguiente es un monólogo suyo, una ráfaga traslúcida de testimonios en cronología exacta. Es decir, usted que lee puede desclavar el pasado del protagonista que se narra al inicio y colocarlo en este lugar: (aquí). Entonces tendrá una idea más acabada de lo que ha ocurrido la mañana del 30 de enero, en El Puente de Pavón, bajo un cielo magullado que aún soporta, como esas válvulas de contención, la desgracia.

Octubre 11 del año 17

Migdalia Chirino no tiene cuenta de Gmail o de Facebook. Se le olvidó cierta clave y, como muchísimas cubanas al filo de los cincuenta, no sabe tarequear una computadora. Sin embargo, tiene un número telefónico y una residencia en Miami. Hace tres años emigró por un corredor de Centroamérica. Víctor la ayudó con el dinero. Era su sueño: prosperar, ayudar a su hija, sus nietos y su padre que todavía está vivo. Él lo comprende. Ella llama, eso sí, y ha venido cinco veces en ese tiempo. Le trajo un presente a Víctor en su primera visita. Pero no están juntos, porque él lo aclaró: usted haga su vida por allá que yo haré la mía por acá.

Cree que se enamoró. Cree que es un hombre romántico. Vivió con Migdalia catorce años. María falleció en Miami producto de un cáncer, a los pocos meses de que lo deportaran. Entonces se entristeció, pero no lloró, porque acepta su realidad tal cual, como manda la Biblia.

Tomo, del pequeño multimueble esquelético, una edición ilustrada del Apocalipsis. "¡Me lo trajeron los Testigos!", salta él, "¡habla del fin del mundo, pero los nietos de Migdalia, que son la candela, lo garabatearon con unas crayolas!"

La sala es la misma. Sospecho que no solo es la misma desde la mañana del 30 de enero, sino que esa sala se sumió en estado comatoso hace tres años, cuando Migdalia se fue. De ahí que notemos cierto flirteo con la estética: muebles de madera torneada, portarretratos, algún desolador adorno a juego con nada. Los rezagos de un ajetreo anterior. Todos son presencias muertas.

Es posible que Víctor, por tal motivo, viva a ritmo de contingencia, pensé. Quizá esté ahí la respuesta para que un hombre acelere los horarios de comida hasta el límite del absurdo, y use solamente una esquina mínima del mantel para apoyar su plato, o duerma y se despierte y vuelva a dormirse sobre un colchón prácticamente destendido, o se siente, durante nuestra charla, no en un cómodo sillón torneado sino en un mueble de hierro.

Pero ya Víctor no almuerza de diez a diez y media, no. "¡Me están cocinando!", dice. Tras el paso del huracán Irma por la zona central, el pasado 9 de septiembre, los vecinos de Pavón quedaron varias semanas sin corriente eléctrica. Entonces Ricardo Abreu Llanes y la esposa decidieron incluirlo en las comidas, y se fue quedando y quedando. Luego establecieron, mediante el diálogo, algunas líneas de conducta y acción para que ambas partes resolvieran ventajas individuales o colectivas que sirvieran a intereses mutuos: Víctor les paga doscientos cincuenta pesos mensuales, que es decir diez pesos convertibles, que es decir diez dólares americanos aproximadamente, a cambio de compartir un espacio en la mesa ajena.

A estas alturas del texto tal vez no haga falta mencionar que Víctor está despiadadamente solo. He dado algunas pistas de esa soledad que flota sobre él y se acomoda a su vida con la misma naturalidad que un guante sintético a la mano de un cirujano. Pero hay un último detalle y tiene que ver con la locuacidad. Víctor no conversa sino que declama. Cada frase es redonda. Derrama párrafos enteros, limpios de muletillas o vicios o acentos. Coloca fechas, direcciones, nombres atascados en algún rizo del pasado, y uno puede embobecerse viéndolo, porque su historia llega como un himno irreversible, perfecto, sostenido en recuerdos firmes y no en ese terreno movedizo de la duda. Sin embargo, noto en el tono sereno, exquisito en vocablos, una raíz enfermiza.

Me pregunto, entonces, si la soledad puede llevarte a ese tope. Si Víctor, a fuerza de repetirse su propia historia en el espacio vacío de una celda o de una sala, se ha sumergido en ámbitos del conocimiento tan aleatorios –de esos con los que tropezamos por azar y nos son indiferentes– al punto de llegar a dispararme, gratuitamente, que la mordida de un cocodrilo alcanza las mil cuatrocientas libras de presión.

Me respondo que sí, que tal vez la soledad sea capaz de generar algún tipo de erudición desatinada. Cuando menciona la mandíbula de los cocodrilos, no me ilustra una escena en el pantano de Hunting, sino cualquier noche sobre una cama muerta, moteada de pequeñas luces que desprende la pantalla de un televisor. Y cuando me cuenta su historia en ramalazo e introduce, durante la marcha, algún aderezo científico como la composición de la cocaína, no está hablando de su pasado ni de su rigurosa memoria, lo que en verdad se comprende de todo ese performance es su intento desesperado por cautivarme, cautivarme para que escuche, para que escuche y me quede –con suerte– un rato más.

La mañana del 11 de octubre hubo un rato más, y hubo también soltura. Mencionó que su hermano de Sitiecito fue agente de la Seguridad del Estado, y que ya se podía hablar del asunto porque en un programa de la emisora provincial CMHW lo habían felicitado, junto a un grupo de agentes más, a propósito de su retiro. Y que ellos de política no hablan. Y que su hermano es buena persona porque, por ejemplo, en algún momento de su vida lo llevó en bicicleta de Pavón a Vueltas, que son casi veinte kilómetros.

Víctor vive de remesas que le envían los hijos. Aunque le gustaría trabajar en algo acorde a su cultura. Se comunica con ellos a través de un teléfono celular Motorola V3. No recibe correos electrónicos, solo llamadas. "¡Con mucha frecuencia!", asegura. Sin embargo, la cobertura dentro de la casa es prácticamente nula.

Miriam, una hermana materna, vive en Miami. La menor de todas murió. Los hermanos restantes plantaron bandera en Cuba, pero le quedan lejos. Y digo lejos como está lejos un hombre sobre el único trozo de asfalto firme que dejara un terremoto. Víctor alcanza a ver a sus hermanos, pero no puede tocarlos.

No llora desde muchacho. El ritmo de contingencia es un paso antiguo, anterior a la cárcel y anterior a todo lo narrado. A los nueve su padre lo llevó consigo a Santa Cruz del Norte, en la actual provincia de Mayabeque, para que se ganara la vida. Él, claro está, no trabajaría en la construcción de obras públicas, como su padre, sino que vendería café y papas rellenas a la hora del almuerzo.

Esa mañana del 11 de octubre me contó cómo su padre lo sacó de la escuela. Hacía falta dinero en la casa. El sexto grado, y la Secundaria, los venció tiempo después en institutos para la superación de obreros y campesinos. Víctor creció bajo un cielo inflamado, por lo que aprendió a compactar el día en unas pocas horas.

En la despedida le pregunté por un deseo cualquiera, daba igual si sonaba ridículo o inalcanzable. Tenía la libertad de fabular, delirar a sus anchas: "Encontrar a una compañera estable. Pero debe ser más joven que yo, porque la mujer envejece sexualmente primero que el hombre."

Noviembre 13 del año 17

"Posiblemente me vaya de aquí. Va y me muevo a Caibarién, pero debo vender primero, así que demora", dispara Víctor como si hubiese reservado durante un mes esa oración, aséptica, para estrenarla conmigo.

"Allá tengo una hermana y un sobrino que también son Testigos", empata con el fragmento anterior. Pero Víctor no es Testigo, de hecho, si fuese religioso querría ser evangélico. Se lo digo.

–¡Víctor, tú no eres Testigo de Jehová!

– No, pero casi.

–¿No simpatizabas más con los protestantes?

–Cambié.

–¡Cambió! ¿Por qué?

–Porque los Testigos son muy unidos, son solidarios. Tendrías que verlos cuando pasó el ciclón. Ayudaron más a su gente que el gobierno municipal al pueblo.

–¿Por qué no eres Testigo entonces, qué falta?

– El bautizo. No es tan simple. Ellos te imparten estudios y luego evalúan tu caso en su núcleo.

–¿Es decir, que pudieras ser no apto?

–¡Ajá!

–¿Y por qué parámetros se rigen?

–No lo sé, pero hay algo que me preocupa.

–¿Qué?

–Para tener relaciones sexuales debes casarte, y para casarte debe ser con una mujer Testigo. Tengo miedo cometer una infracción y que me sancionen.

Víctor me habla de cómo Jesús no es Dios, sino su hijo. Y de cómo no podrá, en lo adelante, andar sin camisa. Que debe ser cuidadoso con su vestimenta y organizar aún más su vida. Que le gusta orientarse por estatutos religiosos. Que un hombre debe tener límites y principios y normas morales y éticas. Que está feliz de pertenecer a esta congregación. Que la sensación de que es vigilado lo salva ante el peligro del pecado, lo mantiene sobre el carril, sobre el carril donde

marcha lo justo y lo correcto. Y que una congregación es como una correccional, de algún modo, pero en el mejor sentido.

Esto es un final

En el poema Simplicidad, incluido en el libro Trabajar cansa, César Pavese describe la añoranza de un prisionero ante el espectáculo que supone la llegada del invierno al otro lado del muro. Una vez en libertad, el prisionero procura el pan, el vino, el fuego y la carne. Cada uno de los motivos que armaban su paisaje nostálgico. Cuando por fin los merece, ya han perdido todo sentido. Y la carne, el vino o el pan, no saben a carne, a vino, o a pan, porque no saben a nada.

Puede que el prisionero regrese a su celda solitaria, no lo sé, no comprendo del todo el final, pero el inicio dice así: "El hombre solo –que estuvo en la cárcel– regresa a la cárcel/ cada vez que muerde un pedazo de pan".

OSMANI GARCÍA, DOMADOR DE LEONES
Jorge Carrasco

El contexto es el siguiente: Osmani García, 34 años, baladista devenido reggaetonero, autor de líneas como *"Yo sé que tú careces de lo que presumes, tú sabes que conmigo se te cae el blume"*, tiene prohibido cantar en Cuba desde finales de 2015.

En un gesto tan cubano como hay pocos, ninguna instancia del Estado le ha dicho tal cosa, ningún funcionario le ha extendido una carta prohibitiva. Sin embargo, el Ministerio de Cultura de Cuba, visiblemente agitado por el indómito fenómeno del reggaetón (y por todos aquellos fenómenos para los que cientos de salarios, un Viceministro y un Ministro todavía no tienen mejores alternativas) ha demostrado que está dispuesto a cerrar algunas puertas.

Lo que Osmani le reprocha a quienes lo obstaculizan es la falta de rigor. Los medios, más que el fin. El sucio juego de quienes, en nombre del buen gusto y la lucha contra lo vulgar, apenas logran quitarse a los reggaetoneros de encima con más elegancia de la que son capaces los propios reggaetoneros.

—Me tumban los conciertos el mismo día, después de haber alquilado el audio, de haber hecho gastos de producción, y de tener la plaza llena de personas. Eso ha pasado en todas las provincias. Cuando estamos en camino, llaman para decir que Cultura no permite el concierto. Pero nos dejan llegar hasta ahí, porque están intentando hacerme ver como un artista informal. Que se me viren los fans en contra.

Esto lo dice Osmani García, alias *La voz*, en abril de 2016, en la sala de la casa de Wicho, uno de los realizadores independientes que ha dirigido algunos de sus videos, entre ellos el megapopular *El Taxi*.

Con la colaboración del cotizado Pitbull, un peso pesado en la industria de la música popular anglosajona, y del dominicano Sensato, Osmani traspasó en

2015 la cerca de la fama local. *El Taxi* se ha visto en Youtube más de 700 millones de veces, fue declarado en 2015 el video musical más googleado en varios países de América Latina y, de alguna manera, lo situó en el mapa.

Después de esta entrevista (con la que el músico espera que alguien concluya que su obra es inofensiva), cansado de tocar puertas, exangüe ante la omnipotencia del sistema que lo prohíbe, Osmani tratará también de conciliar con oficiales del Ministerio del Interior (MININT) para buscar explicaciones, por muy extravagante que resulte ver al Ministerio del Interior de un país teniendo participación en un asunto que pertenece a cualquier ámbito menos a ese.

Lo único que tiene claro, porque todas las pistas llevan al mismo final, es que su música le cae mal a alguien. ¿Por qué? No se le ocurre una respuesta.

—Algo que dé ganas de vivir, creo que no tiene crítica. Mi música es alegre. Le gusta a los niños, a los padres. Logra que niños que no caminan hace siete o diez años se paren de un sillón de ruedas (por supuesto, con la ayuda del padre, ¿no?). Tengo testigos, lo tengo todo filmado.

Sus letras -dice- son para divertirse.

—Cuando tú vas a leer me imagino que escuches a Silvio Rodríguez. Cuando tú vas para la discoteca a bailar, escucharás a Osmani García, a Gente de Zona, a El Chacal, a Yakarta, no sé. ¿Qué pasa? Hay una hipocresía que da asco con esto del doble sentido, con lo sexual, con lo sensual. Me parece que el amor, el sexo, lo único que puede sacar de las personas es lo más bonito. Cuando tú vas a la discoteca con tu pareja (con esa que llevas quizás veinte años) necesitas tener algo que te saque de lo cotidiano y te haga mantener viva esa relación. Los temas de Osmani García mantienen las relaciones vivas. Temas como *El Taxi*, que tienen su toque sexual, los padres en el mundo entero lo disfrutan en familia. Y eso es lo bonito que tiene mi música, que une la familia.

Aunque sus letras actuales no están muy alejadas de lo que eran hasta 2015, cuando la Empresa de Grabaciones y Ediciones Musicales, EGREM (la mayor y más antigua de Cuba), ya había sacado tres álbumes suyos, incluyendo temas como *El Chupi Chupi*, *Se me va la musa*, *El Pudín*, *Emperi Follamos* y *La Putería*, en septiembre del mencionado año la disquera le dijo *au revoire*. Tampoco ahí le explicaron por qué.

—Yo le iba a donar un disco mío a la EGREM ahora, y no lo aceptaron. Iba a traer artistas internacionales a regalarle derechos a la disquera, pero a este señor que me separó de ella, no le dio la gana. En lugar de hacer bien su trabajo, lo que hacía era comerse las tinas de helado en la disquera.

A Osmani García lo empezaron a mirar atravesado en Cuba desde finales de 2011, cuando hacía demasiado tiempo el país producía reggaetoneros con más facilidad de lo que producía maestros. Esto es: sin tener que echarle demasiado abono a las canteras.

Cuando su tema *El Chupi Chupi* (Álbum El Malcriao, 2011, EGREM) fue sacado de la lista de nominaciones de los Premios Lucas (el evento del videoclip cubano), el entonces Ministro de Cultura, Abel Prieto, compareció en la televisión haciendo un guiño al cantante, mientras lamentaba la existencia de artistas que caían "en ciertas trampas del éxito y el esfuerzo barato".

Días después, Osmani se enfrentó a Prieto en una carta abierta que decía cosas como: (...) "Quién se cree que es para hacer callar a la expresión más pura de Dios que es la música porque a él no le guste (...)". Nadie le contestó la carta directamente, pero el periódico Granma publicó un comentario firmado por María Córdova enlazando las frases "alto nivel de vulgaridad" y "difusión de temas como *El Chupi Chupi*".

El Chupi Chupi —una oda al sexo oral repleta de doble sentido— se había televisado por error de alguien, pues Osmani asegura que el video estaba pensado para su lanzamiento en Internet, no para la televisión cubana. Tuvo una producción de casi ocho mil dólares, y en él colaboraron casi diez músicos urbanos. Repasemos algunos fragmentos de sus estrofas:

> *(...) Póngase calentuqui mamuqui*
> *Pa´ que me chupe el platanuqui*
> *Que yo tengo más sabores*
> *Que los mismos tuti fruty (...)*
> *(...) Noche de party,*
> *Noche de adrenalina,*
> *Te voy a dar un chupi chupi en la piscina,*
> *Te voy a dar candela sin gasolina (...),*

(...) mamita vámonos sin jockey
Que yo estoy loco y tú estas loki
Dale, bájate el calentoki
Pa´ que papi te lo toki (...)
(...) Estoy echándote pila,
La cama de mi cuerpo se alquila,
Introdúcete en la fila,
Una pregunta, mami, ¿Tú te depilas? (...)

Cinco años después de haber estado en el ojo de la tormenta por "El Caso Chupi Chupi" y de haber estabilizado el curso de su carrera, fue a Houston, Texas, a dar un concierto. En un mall filmó un video que después se hizo viral en las redes sociales. El video era una respuesta al segmento más radical del exilio miamense, que se oponía al restablecimiento de relaciones diplomáticas entre los gobiernos de Cuba y Estados Unidos.

Pedro Sevcec, presentador uruguayo del Canal 41 en Miami, respondió al video para salvar el honor del exilio cubano en la Florida, del que Osmani había dicho: "Mientras ustedes están hablando mierda, tengo que apoyar a esa gente que está tratando de poner Internet en Cuba. (...) Yo soy cubano y quiero relaciones con los Estados Unidos para siempre. Quiero que mi familia coma".

A Osmani (como la mayoría de las veces) lo habían tomado demasiado en serio. Tan en serio como posiblemente él no se haya tomado a sí mismo nunca. Después de toda la polémica, de hablar en el video sobre él y sus primos en Cuba (a algunos de los que presuntamente se les caían los dientes por no tener pasta con qué lavárselos), fue a otro mall, se hizo un último video enseñándole a su mamá cuánta pasta Colgate había en la tienda y dijo, muerto de la risa:

—Un besito para toda la gente que me apoya. A mí me gusta joder y calentar. (Cantando) Compraré pasta para mi familia, TIRÍ-RIRÍ.

***

Osmani García trajo a la entrevista no menos de veinte premios, la mayoría de lo que le dieron en México en las últimas semanas. Los acomoda cuidadosamente unos alrededor de los otros, en una especie de ritual muy gracioso.

—Osmani, lo que me preocupa es que para las fotos y el video, tantos diplomas sean antiestéticos.

—Olvídate de que sea antiestético. Lo que hace falta es que se vean los premios.

Algunos de ellos los presume con particular gozo: es el caso de las huellas de sus manos en bronce, en el Paseo de las Luminarias de México (el equivalente mexicano al paseo de la fama de Hollywood), que ha sido otorgado a personajes como David Copperfield, Celia Cruz, Thalía y Antonio Banderas.

Otros reconocimientos han sido el de la Teletón de Chile por "entregar alegría a los niños"; el Reconocimiento al Cantante Latino más Sonado de 2015, por la Asociación Nacional de Locutores de México; el Reconocimiento de la Asamblea Legislativa del Distrito Federal, "por su destacada trayectoria artística y su compromiso a favor de los derechos humanos y culturales en México". La lista es más larga.

Osmani apela a que alguien (no sabe quién) vea todos sus reconocimientos y lo ayude a presentarse de nuevo en los escenarios cubanos.

—Estamos aquí para ver si los periodistas, los religiosos, los políticos y todos ayuden a que el *Chiquitico de Cuba* vuelva a cantar. Tenemos fe en que Dios ponga la mano y se den cuenta de que somos portadores del machete de Maceo (se refiere a una réplica del arma de guerra del prócer independentista Antonio Maceo, que le entregaron en 2013 en la Escuela de Cadetes de la provincia Granma), porque hemos cantado muchísimo y nos hemos ganado el respeto de todo el país, del MININT, de todos los dirigentes de la policía, que saben que Osmani García es un artista que tiene cero broncas en sus conciertos.

Más adelante, quién sabe por qué, dice:

—La policía nacional sabe que mi conducta es impecable. No tengo broncas, y si se forma una, estoy entrenado para llegar y decir: «¡Desapártense!». Si no, me meto a desapartar. Nunca por mí ningún policía ha tenido problemas.

***

Osmani García es un tipo de movimientos nerviosos. De eléctrico comportamiento. Le cuesta trabajo estar quieto en un sitio, como si tuviera demasiada prisa la mayor parte del tiempo. Entre una pregunta y la otra se excusa, va a fumar un cigarro o a vaciar la vejiga.

Probablemente nada le guste más que tomar el control. Hacer las cosas a su forma:

—Ve al grano. Pregúntame cosas actuales para que te veas grande como periodista. Recuerda que a mí me entrevistan los periodistas más grandes del mundo. No quiero que me digan: «Asere, te entrevistó un chamaco que está empezando».

***

Osmani García, el *Chiquitico de Cuba*, Osmani García, *La voz*, ha escrito letras como esta:

> *(...) Esta noche voy a partírtela en el lomo, ma´,*
> *Pa´ que tú sientas adentro la calidad,*
> *Pa´ que tú veas como se pone el cubanito,*
> *Esta noche voy a hacerte par de chamaquitos.*
> *Quiero sentirlo suave, calentico,*
> *No tengas pena, dame un filito,*
> *Si tienes el jardín afeitadito,*
> *Yo bajo al pozo y te doy un besito (...)*

El Pudín (Álbum *El Malcriao)* (2011)

***

Osmani García González, nacido el 22 de mayo de 1981, es el hijo de Ada Iluminada González –cristiana devota, profesora en la escuela dominical de una iglesia católica– y Luis Ismael García –graduado de Mecánica Naval y devenido soldador por cuenta propia.

La infancia de Osmani transcurrió en el municipio Guanajay, actual provincia Artemisa. Su familia: un envidiable núcleo funcional. En el insufrible sopor del pueblo, con tan poco que hacer, Osmani se la pasaba inventando travesuras, y su madre, de carácter recto, lo tenía que llevar de la mano y corriendo (sic).

—Yo era malcriadísimo de niño y ahora de grande también. Súper hiperactivo y travieso como mi amiguito el pipi.

Su padre recuerda: "Osmani no se estaba quieto un segundo. No era un niño de sentarse a jugar tranquilo con los juguetes".

A los cuatro años lo inscribieron a clases particulares de piano, de las que escapó cuando la profesora comenzó a presionarlo para que estudiara la teoría y el

82

solfeo. A los ocho se ganó el derecho a estudiar en una Escuela de Arte, pero por un trastorno fisiológico que lo hizo mojar la cama hasta los dieciséis, su madre no lo dejó ingresar.

En cambio, comenzó a darles vueltas a las muchachas que vocalizaban en la Cantoría Infantil del profesor Yusef Castañeda, en el mismo Guanajay.

—Iba a burlarse de los niños que cantaban. A parrandear. Se enamoró de una de las muchachas, que apenas lo miraba porque lo consideraba un pesado. Yo sabía que él tenía condiciones para cantar, aunque él no quería hacerlo —recuerda Yusef, quien terminaría siendo su primer profesor de canto.

Yusef, educador como quedan pocos, no rechazó al niño, mas hizo con él un trato: lo entrenaría para cantar un tema con el que pudiera conquistar a la muchacha y, si lo lograba, tenía que comprometerse a seguir cantando. La canción se llamaba *Pero no puedo arrancarte de mí*. En un festival municipal Osmani se la dedicó a la chica.

—Salieron prácticamente abrazados del lugar. A partir de ahí nunca faltó a los ensayos —dice Yusef.

En las clases de canto, Osmani escapaba al severo trato de los maestros más tradicionalistas. Alrededor de los ocho años se unió también al grupo de peleadores clandestinos que lideraba Antonio Vázquez, un profesor de artes marciales con categoría de cinta negra que entrenaba jóvenes en el deporte conocido como Okito, una práctica que no tenía entonces una federación avalada legalmente.

Vázquez, sobre todas las cosas, les inculcaba la tenacidad a sus alumnos del pueblo. Con él y los demás, Osmani recorrió varios municipios del país, retando a otros jóvenes y enfrentándose a los golpes con ellos. Como apostaban dinero, eran frecuentemente perseguidos por la policía. Aunque Osmani les ganaba a sus contrincantes con frecuencia, en ocasiones también le partían la cara.

—Pero él no se echaba para atrás, porque hacerlo significaba cumplir un castigo: pelear con pesos mayores que él, para desarrollar la perseverancia. Era un muchacho muy voluntarioso, con un buen desarrollo de habilidades físicas —dice Vázquez, quien piensa que estas son la base fundamental para la fuerza y la resistencia que necesitan los cantantes al desenvolverse en un escenario.

El profesor de artes marciales se hizo amigo del joven Osmani, que tenía en aquel momento un VHS donde juntos veían hasta la madrugada los filmes de

Kung Fu de moda, con actores como Bruce Lee, Jackie Chan o Chuck Norris. Cuando terminaba de entrenar Okito, Osmani se iba en kimono para las clases de canto con Yusef.

Alrededor de los veinte había terminado el cuarto año en una escuela de enseñanza politécnica. La vida no prometía demasiado en Guanajay. Le habían ofrecido una plaza para estudiar magisterio en el Instituto Superior Pedagógico, que rechazó para unirse al Dúo Cristal, agrupación de baladas que necesitaba un vocalista.

—O sea, que hubieras podido terminar de maestro.

—Sí. Me gusta enseñar. Me gusta forjar gente buena, que comparta.

—¿ De qué hubieras sido maestro?

—De música o de algún deporte. De hecho, sueño con tener el día de mañana un orfanato para ayudar a esos niños a enfocarse en la música.

Con una bicicleta y un cajón, Osmani vendió ají cachucha en el pueblo para ganar algún dinero, a finales de su adolescencia. Aprendió a hacer panes en la panadería local.

—Nosotros éramos pobres. Tan humildes que cuando teníamos dos pares de zapatos nos creíamos ricos. Hacíamos cualquier cosa por tal de buscarnos el dinero sin tener que robar.

Meses después se mudó a la casa de su abuela materna en el Cotorro, un municipio en la periferia de La Habana. Trabajó algún tiempo en una galletería. Fue buquenque (un raro intermediario entre los pasajeros y los taxistas) en el paradero de la ruta Cotorro-Vedado.

Vendiendo levadura por la izquierda, reunió 55 CUC y los usó para producir su primera pista conocida, con un arreglista de Guanabacoa que le había hecho varios temas de éxito local a la agrupación Cubanitos 2002. La canción era una balada y se titulaba *Mujer*, un tema que fue utilizado durante los años 2000 en la televisión cubana para promocionar efemérides como el Día de la Mujer y los aniversarios de la Federación de Mujeres Cubanas.

—¿Cómo conseguías la levadura?

—Ya estás preguntando mucho.

Después del Dúo Cristal, Osmani ya había hecho algunos contactos en el medio. En 2006 se unió a la agrupación Paulo FG y su Élite, hasta que en 2011 se autonombró *La voz* y comenzó a cantar en solitario.

—¿Por qué *La voz*? ¿Te consideras vocalmente muy virtuoso?

—Es por la palabra. Por ser vocero de información que pasa. Cuando yo hago baladas, las hago para unir, para que la gente se pueda entender. Tú sabes que las parejas en el mundo entero y la gente no se saben entender. Entonces me gusta hacer canciones para unir, y amistades mías me empezaron a decir que yo era "*La voz*".

En 2008 esas mismas amistades lo embullaron a tatuarse el nuevo mote en el antebrazo.

—Me lo hice con Agustín, uno de los tatuadores más fuertes de Cuba, que ha tatuado a personalidades como Maradona.

Además de su sobrenombre artístico tiene dibujadas con tinta negra, encima de la muñeca izquierda, las palabras ITALIA-MÉXICO-CUBA-MIAMI (así separadas por pequeños guiones, y en letra de molde), las "cuatro casas" donde más tiempo ha vivido y cantado en los últimos años.

En la muñeca derecha se hizo dibujar un león con las fauces abiertas. Como a la mayoría de los exponentes del género urbano, a Osmani también le cuelga del cuello una cadena dorada de toscos eslabones, que le regalaron en una joyería de Miami a cambio de que le hiciera un poco de publicidad. De la cadena cuelga la cabeza áurea de un león.

—¿Qué fetiche tienes tú con los leones?

—Es que yo soy el domador de leones.

—¿?

—Tú sabes que los artistas del género urbano dicen que son fieras, que son no-sé-qué. Yo digo que soy el domador de leones. Me encanta ser humano. (Los humanos) ponen a los leones a pararse en dos paticas.

* * *

Osmani García, el *Chiquitico de Cuba*, Osmani García *La voz*, ha escrito letras como esta:

(...) Voy a darte tubo, tubo,
Voy a darte más cabilla,
Pa´ que te hagas una cama,
Una mesa y cuatro sillas (...)
La Construcción (Álbum *La Fábrica de Éxitos*) (2012)

***

—¿Cómo y cuándo se te ocurren estas letras?

—Cuando estoy con una muchacha que me gusta y le quiero coquetear, que me diga que sí. Como cualquier otra persona.

***

—Si hablamos de gustos, a mí me gusta el rock, no el reggaetón. Pero aprecio la buena música y sé cuándo algo tiene calidad. La mayoría de sus canciones dan buen gusto y dan buena forma, incluso para la compenetración y disfrute del pueblo. Te estoy dando mi aprobación. Sus baladas son magníficas, según mi criterio —dirá Yusef Castañeda, el profesor de canto de Osmani.

***

En 2009 Osmani conoció a Dayami Cordero Álvarez, alias *Dayami La Musa*, a la salida de una discoteca en La Habana. Era de madrugada. Los dos se subieron al mismo taxi. Dayami ya había visto a Osmani en la televisión y bailado al ritmo de algunos de sus temas. Días después consiguió su teléfono, lo llamó y comenzaron a salir.

—Desde que nos conocimos hubo una química tremenda. Comenzamos a hacer temas juntos, y nos salían canciones lindísimas. Por eso soy *La Musa*, porque soy la inspiración.

La Musa tiene 24 años y vive en Párraga. Antes de que Osmani la sumara a *La Fábrica de Éxitos* ella había abandonado los estudios en una Escuela de Instructores de Arte para conseguir algún dinero con trabajos temporales de manicure o "lo que apareciera", mientras cantaba en un grupo de aficionados.

—Entre las cosas que se les achaca a las mujeres que cantan reggaetón está el antifeminismo. ¿Cómo tú ves esto?

—Yo creo que no existe género, ni de hombre ni de mujer. Para mí la música es abierta. Yo soy cantante de cualquier cosa, como Osmani. No solo de reggaetón.

Hacemos baladas, hacemos vals. Nos gusta el reggaetón porque somos jóvenes, y es lo que bailamos. Las mujeres son una parte súper importante en el género, porque el hombre que toca esta música, lo hace para poner a bailar a las mujeres y para bailar con ellas. Eso no es para nada antifeminista.

Dayami *La Musa* —breve figura, dulce rostro, ligeramente salpicado de picardía por el piercing debajo de su labio inferior—, está segura de que el reggaetón cubano le ha hecho una importante contribución al acervo cultural de la Isla.

—Le aporta un 100 por ciento. *El Taxi*, por ejemplo, es uno de los temas más visualizados en Internet. Solo con eso le está aportando 800 millones de vistas a Cuba, porque es un video en todo el Malecón. Es un video de nuestro país, es la música de nosotros, nuestra raíz, y si eso no es aportarle a la cultura del país, no sé.

Después dice (con un simpático acento que podría ser ¿mexicano? ¿colombiano? ¿chileno?) que ella es una "Guerrera", que le gusta cantar y le gusta bailar. Que es difícil decidirse por la mejor canción de Osmani, pero que su preferida en estos días es *Sacúdete la arena* (canta un pedazo del estribillo).

Que sin Osmani no cantaría nunca más, que su vida es "con él, por él y para él".

Además de tener a su novia en *La Fábrica de Éxitos*, y después de varias decepciones con artistas con los que trabajó, en 2012 Osmani le compró una PC a su hermano de 25 años, Orley García, y lo convirtió en el DJ de la agrupación.

Después de ver sus estudios interrumpidos por los dos años del Servicio Militar Obligatorio, Orley no le vio mucho sentido a recomenzar en ninguna escuela.

—El Servicio te frena un poco la vida y, al salir, muchos piensan en reorganizarla.

Había visto con admiración el éxito de su hermano, que con frecuencia iba a Guanajay y era agasajado por los socios de antaño, los que aún vendían ají o amasaban pan en la panadería del pueblo. Era mucho más práctico, entonces, comenzar a familiarizarse con los programas de edición musical y trabajar junto a Osmani. Desde entonces, Orley García ha viajado a más de diez países con *La Fábrica de Éxitos*.

—El cubano es una persona que se caracteriza por luchar por sus sueños. Es bueno ver a alguien como Osmani, que lo está haciendo, y que tiene (el respaldo) de 10.5 millones de personas (no vamos a decir que los 11 millones). Pero 10.5

millones de personas sí lo aclaman, y les gusta su música. Mi sueño es ser testigo de todos sus logros. Que me tenga cada vez que me necesite.

Israel es quizás uno de los países más estrafalarios donde uno se imaginaría un concierto de Osmani García. Orley dice que por gestión de unos cubanos que viven allá y de la mismísima ciudad santa de Jerusalén, dieron allí un show al que asistieron más de cinco mil personas.

—No quiero especular, pero Osmani no tiene competencia. Es un músico que ha violado hasta barreras de idioma.

A Orley le gusta que su hermano no sea tan dado a cantar en discotecas como lo es a cantar en plazas abiertas, donde según ellos, han batido todos los records de asistencia. Antes de que comenzaran a prohibir sus presentaciones en Cuba, podían llegar a tener tres conciertos por semana.

—Le gusta mucho el contacto con el pueblo. Con la gente que quizás no tiene 20 CUC para verlo en un club cerrado, pero que sí tiene 20 pesos cubanos para verlo en una plaza.

—¿Qué decían tus padres en la casa cuando Osmani empezó a cantar sus letras más controversiales?

—Cuando se traen nuevas tendencias y géneros musicales, a veces las personas de edad más avanzada los critican o les temen. Pero tuvo mucho apoyo, porque confiaban en él.

—¿Qué música se escucha en tu casa?

—Los Tigres del Norte, Pavarotti, los Back Street Boys, NSYNC, toda la música buena.

—¿Y Osmani García se oye también en tu casa?

—Por supuesto

—¿Y tus padres bailan con él?

—Exactamente.

***

Cuando él quiere ser romántico, romántico se pone. Algunos de los temas que más han explotado su sensibilidad se titulan: *Pan con amor y refresco* ("Tú estás pa´ que te coma, con Coca Cola, Pa´ que te muerda") y *Fígaro* ("Fígaro, ella es fanática a mí, yo soy su fan número uno y me quiero lucir, darle todo de mí").

Pero ni sus temas románticos, los más inofensivos, el jugo de su creatividad en los momentos más puros y elevados, los quiere tener la televisión cubana en su parrilla. En las listas locales de éxito figuran Gente de Zona, Yomil y el Dany y hasta El Chacal, en un grotesco dúo con Waldo Mendoza. La música de Osmani, aunque no deja de sonar en las discotecas, en los almendrones, en las fiestas del CDR, no la incluyen en ningún programa.

—Yo sé que cada cosa tiene un horario en la televisión de todos los países. Los niños deben tener su horario y los mayores el suyo. Pero el nivel de censura en la televisión cubana es ridículo. Temas como *Mi media naranja* (que es un tema romántico), no lo quieren poner —se queja Osmani.

—¿Cómo dice ese tema?

—(Cantado)

Tú eres mi media naranja,
Yo vine a este mundo a exprimirme contigo,
No me gusta que te peles sola,
Que te picas, que te picas mal,
No me gusta que te peles sola,
Yo sin cáscara y zumo te voy a dejar.
Yo soy tu cuchillo, mi media naranja,
Tú eres la semilla que cayó del cielo,
Para que naciera el amor en mi alma,
La única que ha logrado que diga "Te quiero".
Yo no soy la espina que cayó en tus ojos,
Tú tienes el jugo que tal vez me salva,
Tú eres mi camino, el único que escojo,
El destino que hace que mi vida valga.

—Esta es romántica...

—Por supuesto, es romántica, aunque con lo picaresco del cubano. Porque los cubanos somos picantes. Eso lo sabe todo el mundo, y al que no le guste, que no le guste. El cubano no es este romántico llorón, como otros latinos o como otras culturas donde el hombre es de caerle atrás a la mujer, prácticamente llorándole. Yo hago los temas como somos los cubanos.

—¿Qué alternativa propondrías para que música como la que tú haces tenga un espacio en los medios?

—La música urbana contemporánea la tienen que situar en un programa nocturno, a partir de las diez o las once, donde la gente de nuestra edad pueda oír lo que habla la gente grande. No se puede ser absurdo. Es momento de recapacitar, porque va a llegar el punto donde nadie va a mirar la televisión cubana. De hecho prácticamente nadie la está viendo. El paquete semanal está acabando ahora mismo. La gente tiene sus memorias flash, sus computadoras. Lo único que ven es prácticamente el programa de Luis Silva (Pánfilo). El nivel de censura ha llegado a ser absurdo.

Pensar en censura es mucho más llano, quizás, que plantearse esta idea. No es tanto que los medios no quieran poner a músicos como Osmani García, como que Osmani García y la mayor parte de los reggaetoneros cubanos de moda son una expresión demasiado parecida —se quiera o no—a lo que hemos llegado como país. Y eso a lo que hemos llegado como país no cabe en los medios, exactamente porque la realidad es mucha para ellos. Porque los supera.

***

Osmani García, el *Chiquitico de Cuba*, Osmani García, *La voz*, ha escrito letras como esta:

> *El que nace bomba, explota,*
> *Y a mí no hay quien me desactive.*
> *Nacimos grandes,*
> *Nacimos tigres.*
> *Guerreando Solo*
Remix Ft El Príncipe (Álbum *Fenómeno Global)* (2015)

***

—¿Cómo lidias con tu ego?

—Me mantengo saludando a la gente con el cristal del carro abajo, en lo que otros artistas andan con cristales calobar. Me tomo fotos con todos. En cualquier aeropuerto que me bajo, me saludan hasta chinos con niños. ¡Que te pare un chino para ponerte un niño chino en las manos!

***

El carro del que habla Osmani, el que maneja con los cristales abajo para que la gente pueda saludarlo, es un auto de alquiler destinado a clientes extranjeros, o a los pocos nacionales que pueden rentarlo.

—Hace como cuatro años que estoy alquilando carros. Calcula dos mil setecientos dólares al mes, durante cuatro años. O sea, le he comprado al Estado cubano cuatro o cinco carros. Yo soy un artista al que no se le hace ninguna rebaja en Cuba, con todo el dinero que le aporté a mi empresa (EGREM).

—Y todo eso sin que nos dejen trabajar aquí—intercala *Dayami La Musa*, que ha estado escuchando.

Desde que salió del apartamento de su abuela en el Cotorro, vivió alquilado hasta que se mudó con Dayami. Osmani tampoco tiene a estas alturas casa propia (como no la tienen cientos de médicos o ingenieros en el país), pero de alguna manera considera que su obra y su éxito deberían haberle conseguido al menos un lugar donde vivir. Por ejemplo, temas como *Mi amiguito el pipi* (*Mi amiguito el pipi no se queda quieto, No escupas, pipi, que eso es falta de respeto*), íntegramente salidos de su pluma, le parecen al músico una de las canciones con doble sentido "más abiertas y brutales" que se han hecho.

—Se les está hablando a los niños de un niño, y a los mayores se les está hablando de otra cosa. Críticos grandes en el mundo han reconocido que este tema es una obra de arte.

Mucho del dinero que ha ganado en giras internacionales y en concepto de venta de discos —asegura tímidamente él, como quien no quiere subrayar demasiado sus buenas acciones— lo ha regalado en las calles de Cuba.

—Eso se lo puedes preguntar a otros, porque yo no lo he hecho para venir a contarlo aquí, pero yo regalo dinero en exceso. Quizás por eso no tengo ni casa ni carro. Conozco a mucha gente, y cuando vas por la calle con dinero y viene alguien y te dice que no tiene para comer, imagínate.

—¿Te ha pasado?

—Todos los días, a toda hora. Y yo lo doy de corazón. Creo que la única riqueza que tengo encima es esta cadena, (la cadena con el dije del león). Esta es la joya más puesta de la humanidad. Se la han puesto más de medio millón de personas, entre ellos niños.

—¿Hacerse reggaetonero es una decisión inteligente para alguien que quiera vivir bien económicamente?

—Hay otros artistas que también viven bien. Hay pintores que son millonarios. Yo todavía no tengo un millón de dólares guardados en una cuenta.

—¿Estás cerca?

—No sé. Puede que sí. Puede que ya esté por ahí, y los tenga que recoger. Pero no creo que eso sea lo importante. Lo bonito de esta carrera es el reconocimiento de la gente. Imagínate haber nacido en Guanajay y haber vendido ají sin zapatos y sin pulóver. Y que ahora la gente me esté abrazando en todos los países por los que paso. Eso no tiene precio.

—¿Las mujeres se interesaban en ti cuando eras más humilde o ahora se interesan más?

—Yo siempre he sido mujeriego. He llegado a andar con tres novias a la vez. Soy feo, pero siempre he tenido esa gracia.

www.ingramcontent.com/pod-product-compliance
Lightning Source LLC
Chambersburg PA
CBHW050555160726
48003CB00002B/899